MEMÓRIAS DE UMA PROFESSORA FELIZ

Editora Appris Ltda.
1.ª Edição - Copyright© 2022 da autora
Direitos de Edição Reservados à Editora Appris Ltda.

Nenhuma parte desta obra poderá ser utilizada indevidamente, sem estar de acordo com a Lei nº 9.610/98. Se incorreções forem encontradas, serão de exclusiva responsabilidade de seus organizadores. Foi realizado o Depósito Legal na Fundação Biblioteca Nacional, de acordo com as Leis nos 10.994, de 14/12/2004, e 12.192, de 14/01/2010.

Catalogação na Fonte
Elaborado por: Josefina A. S. Guedes
Bibliotecária CRB 9/870

T266m
2022
	Teixeira, Nilzete
	    Memórias de uma professora feliz / Nilzete Teixeira. - 1. ed. - Curitiba : Appris, 2022.
	    118 p. ; 21 cm.
	
	    Inclui referências.
	    ISBN 978-65-250-3192-7
	
	    1. Memória autobiográfica. 2. Professoras. 3. Autorrealização. I. Título.
	
	    CDD – 808.06692

Livro de acordo com a normalização técnica da ABNT

Appris
editora

Editora e Livraria Appris Ltda.
Av. Manoel Ribas, 2265 – Mercês
Curitiba/PR – CEP: 80810-002
Tel. (41) 3156 - 4731
www.editoraappris.com.br

Printed in Brazil
Impresso no Brasil

Nilzete Teixeira

MEMÓRIAS DE UMA PROFESSORA FELIZ

FICHA TÉCNICA

EDITORIAL	Augusto V. de A. Coelho
	Marli Caetano
	Sara C. de Andrade Coelho
COMITÊ EDITORIAL	Andréa Barbosa Gouveia (UFPR)
	Jacques de Lima Ferreira (UP)
	Marilda Aparecida Behrens (PUCPR)
	Ana El Achkar (UNIVERSO/RJ)
	Conrado Moreira Mendes (PUC-MG)
	Eliete Correia dos Santos (UEPB)
	Fabiano Santos (UERJ/IESP)
	Francinete Fernandes de Sousa (UEPB)
	Francisco Carlos Duarte (PUCPR)
	Francisco de Assis (Fiam-Faam, SP, Brasil)
	Juliana Reichert Assunção Tonelli (UEL)
	Maria Aparecida Barbosa (USP)
	Maria Helena Zamora (PUC-Rio)
	Maria Margarida de Andrade (Umack)
	Roque Ismael da Costa Güllich (UFFS)
	Toni Reis (UFPR)
	Valdomiro de Oliveira (UFPR)
	Valério Brusamolin (IFPR)
SUPERVISOR DA PRODUÇÃO	Renata Cristina Lopes Miccelli
ASSESSORIA EDITORIAL	Cibele Bastos
REVISÃO	Camila Dias Manoel
PRODUÇÃO EDITORIAL	Raquel Fuchs
DIAGRAMAÇÃO	Andrezza Libel
REVISÃO DE PROVA	Bianca Silva Semeguini
CAPA	Sheila Alves
COMUNICAÇÃO	Carlos Eduardo Pereira
	Karla Pipolo Olegário
	Kananda Maria Costa Ferreira
	Cristiane Santos Gomes
LANÇAMENTOS E EVENTOS	Sara B. Santos Ribeiro Alves
LIVRARIAS	Estevão Misael
	Mateus Mariano Bandeira
GERÊNCIA DE FINANÇAS	Selma Maria Fernandes do Valle

Dedico esta produção às minhas amadas filhas, RAFAELA e LARISSA; aos meus pais, OSCAR e NILVA (in memoriam); e a todos(as) que comigo convivem/conviveram e sabem da minha alegria, satisfação e aprendizagem no tempo desfrutado das doces presenças/presente que cada um representa para mim.

AGRADECIMENTOS

Ser grato, segundo estudos da neurociência, tem um poder de transformação no nosso cérebro, agindo fortemente na produção e sensação de bem-estar, influenciando nossa vida de forma contributiva. Por isso sempre digo: por tudo já vivido e por todos com quem vivenciei inúmeras experiências, minha eterna gratidão. Neste momento, em especial, minha gratidão e honra a todos que me oportunizaram materiais e condições para esta produção de memórias que muito me elevam.

Gosto de ser homem, de ser gente, porque não está dado como certo, inequívoco, irrevogável que sou ou serei decente, que testemunharei sempre gestos puros, que sou e que serei justo, que respeitarei os outros, que não mentirei escondendo o seu valor porque a inveja de sua presença no mundo me incomoda e me enraivece. Gosto de ser homem, de ser gente, porque minha passagem pelo mundo não é predeterminada, preestabelecida. Que o meu "destino" não é dado mas algo que precisa ser feito e de cuja responsabilidade não posso me eximir. Gosto de ser gente porque a História em que me faço com os outros e de cuja feitura tomo parte é um tempo de possibilidades e não de determinismo. Daí que insista tanto na problematização do futuro e recuse sua inexorabilidade.

(FREIRE, 1996, p. 57-8)

PREFÁCIO

A escrita reflexiva é uma forma de apuração do pensar.
E, para fazê-la, é preciso reservar tempo.
(Madalena Freire)

E o que é produzir um memorial, se não a redação de textos de registro e reflexão?

Nilzete Teixeira reservou um pouco de seu tempo para descrever sua trajetória acadêmica e profissional por meio deste livro. Em um gesto de generosidade e humildade, características que a acompanharam durante toda sua vida, deixa aos leitores desta obra a oportunidade de entender alguns caminhos da educação e assim, a possibilidade de construir os seus próprios caminhos.

Outra questão intrigante sobre o adjetivo que complementa o nome do livro: *Memórias de uma Professora Feliz*, Lucien Lefebvre filósofo e sociólogo, em seu livro *Combates pela História* (1989, p. 7) nos fala que: "o título que escolhi lembrará o que sempre houve de militância em minha vida", deste modo, observamos que o título do memorial escolhido pela autora reflete que o exercício da docência vai além da prática pedagógica bem fundamentada, pois, antes de tudo, na visão da própria educadora, é preciso colocar paixão em todas as ações realizadas, a fim de criar vínculos afetivos e criativos.

O conceito de felicidade na história da humanidade é amplamente debatido. Todos buscamos por ela, mas, por CARREGAR A SUBJETIVIDADE COMO SUA CONSTITUINTE, há infinitas conceituações da mesma. Apesar disso CONSTATA-SE, dentre as inúmeras definições existentes, que Nilzete Teixeira É uma educadora, cujos desejos, aspirações e exigências foram atendidos ou realizados na sua vida profissional, revelando, aqui e para ela, o conteúdo e a consistência do adjetivo feliz.

Os textos que compõem o memorial descrevem, seguindo uma perspectiva histórica, a formação acadêmica e profissional da autora, suas atividades de ensino, de pesquisa e de gestão. Agrega-se a este conteúdo textos de antigos professores, alunos e colegas de trabalho, rememorando episódios significativos em suas vidas dos quais Nilzete participou.

A narrativa do memorial surpreende com a memória minuciosa da carreira de Nilzete, que, com a preocupação intelectual que lhe é peculiar, referenda os seus textos e a sua visão educacional ao citar, sempre, a bibliografia consultada. Este gesto corrobora a importância da leitura deste memorial por todos que se interessam pelo tema, pois além de mostrar novos trajetos ele disponibiliza através de seus relatos fundamentados material para acervo pedagógico e profissional aos profissionais da educação.

Na estrutura do memorial temos quatro capítulos articulados, de leitura agradável e convidativa. As narrativas claras e elegantes refletem e apresentam fragmentos da vida de uma educadora, fontes inesgotáveis de informação e emoção a cada página virada.

Cada capítulo tem o seu sentido próprio, independente, mas que não são estáticos, POIS SE ENTRELAÇAM AOS POSTERIORES, evidenciando um percurso em constante movimento.

Conheci Nilzete quando fui Secretária de Educação de Balneário Camboriú, de 1997 a 2003. Sempre a considerei uma profissional de excelência. Pela sua ferrenha vontade e determinação em trabalhar por uma educação de qualidade, sabia que estaria dia a dia mergulhada na profissão escolhida. Após muitas conquistas, tornou-se mestre em Educação, mas assim como sua biografia acadêmica e profissional sugere, sua formação e contribuição à comunidade escolar está distante de terminar.

Poderia continuar comentando diversos trechos deste importante memorial, mas prefiro deixar agora ao leitor o encanto e o prazer em degustar os textos deste livro inspirador, em que a vida da autora vai surgindo, não somente no movimento das páginas, mas NA NARRATIVA das ações concretas realizadas por uma educadora feliz.

Jacy Castro Malta
Graduada em Letras e História.
Pós-graduada em Metodologia do Ensino de
Lingua Portuguesa e História do Brasil.
Mestre em Linguistica.

APRESENTAÇÃO

SOBRE AS MEMÓRIAS: memória e identidade

Quando nesta produção literária me referir à memória, pretendo trazer à tona o conceito de Chaui (1999, p. 128): a memória é "uma atualização do passado ou a presentificação do passado e é também registro do presente para que permaneça como lembrança".

Para mim, professora Nilzete, resgatar algo que até então estava somente no reino da memória, ou que era uma vaga lembrança, é torná-la presente e, por meio dela, poder refletir coletivamente e, até mesmo, numa nova perspectiva, poder interferir nas práticas educacionais atuais e futuras.

Penso na publicação das minhas memórias não como um devaneio ou sonho vivido, mas na partilha delas como um trabalho que gera, na ação futura e na reflexão dos vários aspectos envolvidos, novas possibilidades. Jamais pensei, quando resolvi escrever sobre minhas memórias, falar de algo que só a mim fizesse sentido, mas sim trazer à tona algo que pudesse ser recriado continuamente, que pudesse oferecer aos que dela tomassem ciência uma possibilidade pedagógica presente e futura. Pela interpretação dessas memórias, que quem as lesse pudesse visualizar uma articulação do passado com o presente, fazendo sentido o seu registro, e, assim, passando elas a pertencer à coletividade, indo além do meu eu, pois todas as experiências pertenceram a um coletivo, que muito me tornou plural.

Segundo Pollack (1992, p. 204),

> [...] uma pessoa adquire ao longo da vida referente a ela própria, a imagem que ela constrói e apresenta aos outros e a si própria, para acreditar na sua própria representação, mas também para ser percebida da maneira como quer ser percebida pelos outros.

Pensando nisso, ao resgatar minhas memórias, espero mostrar minha identidade, não só na individualidade, mas de um período educacional pelo qual também me tornei responsável ao vivenciá-lo com os educandos e toda a comunidade escolar.

Com isso, espero deixar registrado que, como educadora, sempre vislumbrei uma ação educativa que contemplasse os aspectos individuais e coletivos como contribuidores nos estabelecimentos das relações e ligações entre o pessoal e o social. A corresponsabilidade da ação educativa sempre me acompanhou, e muito, pela reflexão, e fez-me ir e vir na busca de uma ação colaborativa e compartilhada.

SOBRE SER FELIZ: uma construção diária

> A busca da felicidade é um surto mundial — em um estudo com mais de 10 mil participantes de 48 países, os psicólogos Ed Diener, da Universidade de Illinois, e Shigehiro Oishi, da Universidade de Virginia, descobriram que pessoas de todos os cantos do mundo consideram a felicidade mais importante do que outras realizações pessoais altamente desejáveis, tais como ter um objetivo na vida, ser rico ou ir para o céu. Esta atenção sobre a felicidade é estimulada em parte pelo crescente número de pesquisas que sugerem que, além de ser boa, a felicidade também faz bem — ela está ligada a muitos benefícios, desde maiores salários e um melhor sistema imunológico até estímulo à criatividade. (KASHDAN; BISWAS-DIENER, 2014, s/p).

Participando de imersões, lendo, ouvindo algumas palestras, músicas, poesias e convivendo com cada pessoa que por mim passou e passa, vou aprendendo que a única pessoa responsável pela minha felicidade sou eu.

Aprendi a me determinar feliz a cada amanhecer, pelo simples fato de poder abrir os olhos e ter uma nova chance de recomeçar e poder fazer ainda melhor aquilo que minhas reflexões me apontam; poder aperfeiçoar. E, ao acordar, diariamente repito: VIVA!

A felicidade jamais pode depender de alguma pessoa, de coisas ou circunstâncias desejadas. Querer que ela venha por essas vias torna-nos dependente de algo que está o tempo todo mudando. As pessoas, as coisas, as circunstâncias. Eu mesma mudo a cada dia na forma de pensar, nas atitudes, nas formas de reagir; também meu corpo, minha mente e minha saúde mudam. E aqui recordo um fragmento do poema de Edson Marques (2009, p. 01):

> **Você conhecerá coisas melhores e coisas piores,**
> **Mas, não é isso o que importa.**
> **O mais importante é a mudança,**
> **o movimento, a energia, o entusiasmo.**
> **Só o que está morto não muda!**

Há pessoas que manifestam não serem felizes porque não têm dinheiro, porque estão doentes, porque seu emprego é medíocre, porque os amigos as traíram, porque seus parceiros não são "parceiros"... Quem já não passou por tudo isso? A diferença está na decisão de como se quer viver. E a mudança que se planeja diante daquilo que nos torna infelizes.

Eu decidi a cada dia ser feliz, e quem me conhece sabe do que falo. Amo viver e ser feliz, não porque minha vida é ou foi mais fácil do que a de outras pessoas; pelo contrário. Sempre canto Almir Sater (1990): "Ando devagar porque já tive pressa, levo esse sorriso porque já chorei demais"... Entendo que não posso deixar de ser feliz mesmo quando alguém deixou de me amar, me insultou, não me deu o valor que sei que tenho: não atribuo a nada e a ninguém essa responsabilidade.

Autorresponsabilidade: um conceito bastante atual que gera leveza nos relacionamentos com tudo e com todos, pois dele tiramos a responsabilidade de as pessoas viverem para nos fazerem felizes, de atenderem às expectativas que são nossas, deixando-as livres para viverem conforme a própria forma de ser e estar no mundo.

Com isso reafirmo: sejamos felizes com as condições e as pessoas que a cada dia nos cercam, sejamos capazes de ser sensíveis às causas que nos afetam e contribuir sempre para que todos também se sintam felizes. Porém, também não podemos nos responsabilizar pela infelicidade do outro: isso não nos faria felizes. E hoje reafirmo: não se trata de ser egoísta; simplesmente, trata-se de cultivar o amor-próprio, e isso nos exige alguns sacrifícios — um deles é se sensibilizar com as dificuldades alheias, porém, ter consciência do que se pode e o que não se pode fazer por outrem, e deixar que cada um cumpra sua missão.

Chamo esse meu estágio de "felicidade plena", alcançado graças aos estágios de maturidade nas dimensões: espiritual, intelectual e emocional. Maturidade espiritual, porque tive pessoas em minha vida que me fizeram entender e sentir quanto em mim o Altíssimo habita. Maturidade intelectual, pois as leituras e vivências com estudiosos fizeram-me compreender que o hábito de ser feliz melhora a minha vida como um todo. Maturidade emocional, porquanto somos movidos pelos afetos, e pessoas felizes são afetuosas por natureza — e isto só retorna em benefício para todo o corpo.

Precisamos ampliar o conceito de felicidade para além da superficialidade que o cotidiano nos apresenta (um exemplo são as redes sociais). Com a exceção do LUTO, tudo é felicidade. O conceito de felicidade é mais amplo, não nasce facilmente, não é uma ausência de dificuldades, nem sempre é a realização dos nossos sonhos e muitas vezes não é a falta de conflitos, mas sim uma capacidade de desenvolvermos o fortalecimento dos nossos pensamentos e atitudes contra a indiferença, a falta de atenção ou, mesmo, de compreensão dos nossos pontos de vista, que são comuns diariamente. A isso podemos chamar de realização humana para uma plena consciência de um conforto existencial. Ser feliz em quaisquer condições, pois somos capazes de modificar as condições não tão favoráveis.

Um ser humano feliz é plenamente consciente de suas limitações e das limitações do outro. Por isso, a busca pelo aperfeiçoamento é uma constante. Percebe possibilidades em si e no outro e, num processo de harmonização, convive bem com tudo e com todos. Tem uma paz visível, uma capacidade de ouvir única, é transparente diante das dificuldades, que lhe permitem avançar nas suas realizações. Estudos da neurociência apontam que uma pessoa feliz amplia a visão periférica, a criatividade, a participação ativa na construção dos seus desejos a serem alcançados.

A realização humana passa por essa alegria diária de ser quem se é profissionalmente, pessoalmente, no testemunho e no exemplo de compreensão na convivência com as diferenças, sem querer modificá-las para atender a expectativas pessoais. Pois, se existem algumas certezas neste mundo, não passam de duas: somos finitos e diferentes. Passa também pelo equilíbrio entre trabalho, lazer, convivência social e tempo para si mesmo, gerando felicidade em ser quem somos, seres únicos, de digital inigualável.

A neurociência já consegue, por meio de estudos, comprovar que, ao repetir o processo de sensação de felicidade, você consegue estabelecer um padrão e construir bons hábitos de felicidade plena.

A felicidade é um estado de espírito que decidimos viver. Dar-se o direito dessa graça é descobrir a maior magia do UNIVERSO!

SUMÁRIO

1 - TRAJETÓRIA DE FORMAÇÃO E CAMINHOS PROFISSIONAIS PERCORRIDOS 23
1.1 EDUCAÇÃO BÁSICA: anos iniciais 23
1.2 ENSINO MÉDIO E INÍCIO DA CARREIRA NO MAGISTÉRIO 24
1.3 O CURSO DE PEDAGOGIA, A ESPECIALIZAÇÃO E A ENTRADA NA SECRETARIA DE EDUCAÇÃO DE BALNEÁRIO CAMBORIÚ 27
   1.3.1 A rede de ensino de Balneário Camboriú 29
   1.3.2 Gestão de Projetos 34
   1.3.3 Presidente do Comitê de Gerenciamento e Contingência da Pandemia da Covid-19, no Âmbito da Educação 35
1.4 MESTRADO E EXPERIÊNCIAS COM O ENSINO SUPERIOR: inspirando novas profissionais da educação 36

2 - AUTORES QUE FUNDAMENTARAM E FIZERAM A DIFERENÇA NA MINHA FORMAÇÃO 43

3 - RELATOS DE EXPERIÊNCIAS QUE MAIS ME FIZERAM APRENDER DO QUE ENSINAR: MEMÓRIAS DE ALGUMASPRÁTICAS EXITOSAS 53

4 - MEMÓRIAS DAQUELES COM QUEM CONVIVI E MUITO APRENDI 89
4.1 COMO FOI SER PROFESSORA DA FUTURA PROFESSORA: relatos de alguns dos professores que muito me inspiraram 91
4.2 COMO FOI SER COLEGA DE TRABALHO DA PROFESSORA NILZETE 99
4.3 COMO ME SENTI AO SER ALUNO(A) DELA: relato de ex-alunos(as) 103
4.4 COMO FOI TER A PROFESSORA NILZETE COMO PROFESSORA DOS MEUS FILHOS 111

5 - CONSIDERAÇÕES SOBRE MEU PERCURSO ATÉ AQUI, POIS MUITO AINDA PERCORREREI NOS CAMINHOS DA EDUCAÇÃO...113

REFERÊNCIAS...115

1 – TRAJETÓRIA DE FORMAÇÃO E CAMINHOS PROFISSIONAIS PERCORRIDOS

1.1 EDUCAÇÃO BÁSICA: anos iniciais

Todo início, diria Rubem Alves (2000, s/p), contém um evento mágico, um encontro de amor, um deslumbramento no olhar... "É aqui que nascem as grandes paixões, e a dedicação às causas, à disciplina que põe asas na imaginação e faz os corpos voarem..." Não foi diferente com a minha história de vida profissional.

Todo o meu encanto pela profissão docente começou no meu primeiro dia de aula, na Escola Isolada Municipal de Braço de Camboriú. Minha primeira professora foi Maria Teresinha Simas Gervásio. Professora de escola multisseriada, muito dedicada, uma verdadeira mestra na arte de ensinar e cativar. Tudo o que eu sonhava antes de vir para escola não foi diferente ao encontrá-la.

Lembro-me vagamente de algumas atividades do primeiro ano escolar, mas não me esqueço do primeiro dia de aula. Fomos acolhidos pela professora, que nos apresentou o espaço físico da escola com muito entusiasmo; e nesse primeiro dia já realizamos algumas atividades de escrita. Fomos para casa com a primeira tarefa, que era escrever o alfabeto em letras maiúsculas e minúsculas. Era preciso registrar, estudar, exercitar, repetir algumas vezes, desde o primeiro dia de aula, dizia a professora Terezinha.

Em casa sempre brinquei com as velhas lousas usadas por meus pais e avós no seu período escolar, por isso já tinha uma boa coordenação motora, sendo meus cadernos sempre muito elogiados. Os comentários positivos da primeira professora, que às vezes que me colocava para ajudar os que tinham dificuldade de acompanhar, reforçaram o sonho despertado desde o primeiro ano escolar: eu seria professora!

Tardif (2002), em suas pesquisas, percebeu também que a origem da opção e da paixão pelo ofício de ser professor, bem como a própria maneira de ensinar, é fortemente influenciada pelos antigos professores. Por ser a mais velha da casa, eu ensinava meus irmãos e meus amiguinhos, imitando a professora. Durante todo o ensino fundamental, muitas vezes fui auxiliar das professoras, motivo esse que me fez, cada vez mais, acreditar que havia nascido para a profissão docente.

1.2 ENSINO MÉDIO E INÍCIO DA CARREIRA NO MAGISTÉRIO

Aos 16 anos, ainda sem habilitação, porém cursando o primeiro ano do ensino médio na modalidade magistério, iniciei minha carreira profissional. Em 1986 me tornei responsável pela entrega da merenda escolar, que na época vinha do governo federal (as secretarias de Educação só a distribuíam). Já em 1987 assumi a função de secretária escolar no grupo escolar Clotilde Ramos Chaves.

Iniciei como professora, em 1988, ainda como Admitida em Caráter Temporário (ACT) e, como tal, não tinha o direito de escolher em que série atuaria. Por isso, iniciei, mesmo sem experiência profissional e habilitação, na série considerada a mais difícil para uma iniciante: a primeira série do ensino fundamental, na época considerada o ano da alfabetização das crianças. E até hoje penso, e a neurociência confirma, que é a faixa etária mais propícia para as crianças se encantarem pelo mundo da leitura e da escrita e, assim, dominarem esse processo.

Meu primeiro e grande desafio profissional, ser professora alfabetizadora, foi no Grupo Escolar Municipal Clotilde Ramos Chaves da cidade de Camboriú, no qual já havia sido secretária escolar. A escola, localizada em um bairro mais afastado do centro da cidade, tinha sua comunidade escolar desprovida de acesso à cultura, ao esporte, ao convívio social de qualidade e, até mesmo, às condições básicas que garantem um desenvolvimento infantil físico e cognitivo mais próximo do ideal.

Nesta primeira experiência como docente, pude contar com o auxílio de colegas mais experientes que me orientaram e me ajudaram em algumas questões metodológicas do processo de alfabetização. Diziam-me para apresentar uma família silábica por semana, com figuras coloridas, fixando-as nas paredes para chamar a atenção dos alunos e facilitar a memorização. Orientaram-me a formar palavras com os alunos valendo-me das famílias silábicas estudadas. O procedimento era bastante tradicional: cópia, leitura, ditado, siga o modelo, memorização. De casa, todas as segundas-feiras eu ia à escola com belíssimos desenhos e as famílias silábicas que eles representavam, feitos pelo companheiro da época, procurando, por meio da arte dos desenhos, cativar as crianças para o processo de leitura e escrita. E não é que as crianças gostavam muito e até questionavam se era mesmo um desenho feito à mão livre (de tão próximo do real que parecia)?

Mesmo diante da boa vontade das colegas professoras e do meu envolvimento, hoje vejo que aquelas pistas eram embasadas em um ensino tradicional, mecânico, pouco contextualizado. Era o que faltava: contextualização e maior compreensão da função social da escrita para enriquecer ainda mais o processo, pois eu consegui todos os anos que atuei nessa série alfabetizar os alunos, cada um no seu tempo e modo de aprender, sempre utilizando-me dos alunos mais experientes para auxiliar os que apresentavam alguma dificuldade de compreensão da minha linguagem.

Os estudos de Emília Ferreiro permitiram-nos compreender que a criança constrói hipóteses acerca da língua que se escreve e que a compreensão da função social da escrita e a consciência fonológica são fundamentais para a criança aprender a ler e escrever, bem como todas as suas experiências sociais até então vividas.

Segundo Ferreiro (1996, p. 24), "O desenvolvimento da alfabetização ocorre, sem dúvida, em um ambiente social. Mas as práticas sociais assim como as informações sociais, não são recebidas passivamente pelas crianças". Com isso, os alunos diariamente refletiam a importância de se saber, ler, escrever, falar sobre algo lido. Eu levantava possibilidades, por essa aquisição, de alcançar os sonhos que cada criança, de forma muito empolgada nos primeiros dias de aula, dizia ter. Enfim, procurava dar sentido a essa aprendizagem de domínio da leitura e da escrita, que não é fácil, mas possível quando as crianças se enchem de desejo de aprender.

Desde o início da minha carreira, mesmo sem os fundamentos que hoje me confirmam a ideia de que todos são capazes de aprender, desde que colocados em situação de aprendizagem (desafios possíveis e contextualizados), eu já acreditava que todos aprenderiam. Não concebia a ideia da reprovação. Pensava que, se eles não aprendessem, eu não havia sabido ensiná-los.

Dilemas, desafios, inquietudes acompanharam todos os meus anos de professora. Mas nessa fase inicial, especificamente, aprendi que é em meio a todas essas problemáticas que precisamos exercitar a troca de experiências, a capacidade de compartilhar resultados bons e não tão bons e que refletir na e sobre a ação pedagógica ajuda a superar limites da profissão docente. Contreras (2002, p. 109), afirma:

> [...] a prática constitui-se, desse modo, um processo que abre não só para a resolução de problemas de acordo com determinados fins, mas a reflexão sobre quais devem ser os fins, qual o seu significado concreto em situações complexas e conflituosas.

Ainda no curso de magistério, no ensino médio, tive bons professores que me ensinaram desde como apagar o quadro até como elaborar e desenvolver um planejamento de ensino. Mas foi o período de estágio de observação e atuação e as discussões em sala de aula acerca das questões teóricas e metodológicas que permitiram aprendizagens mais concretas.

Uma das professoras com quem estagiei durante o curso de magistério trabalhava com os centros de interesse, o que me fez perceber como esta prática motivava a participação dos alunos nas aulas. Como era contagiante a viagem do saber com ela! Os educandos descobriram tudo levantando hipóteses, pesquisando, registrando, fazendo seminários para socialização dos resultados e levantando novas problemáticas.

Nesse período de estágio, aprendi a importância da motivação para aprendizagem dos conceitos científicos partindo dos conceitos cotidianos e questionando o senso comum. Que os conceitos científicos têm sentido para as crianças quando são percebidos por elas como necessários para o desenvolvimento pessoal de cada um no seu contexto de vida.

1.3 O CURSO DE PEDAGOGIA, A ESPECIALIZAÇÃO E A ENTRADA NA SECRETARIA DE EDUCAÇÃO DE BALNEÁRIO CAMBORIÚ

Em 1991 iniciei o curso de Pedagogia. Era grande a expectativa de que o aprendizado que tinha sido construído no magistério e na escola pudesse ampliar o referencial teórico e metodológico.

Grande foi o desafio de realizar esse curso, de forma presencial, durante quatro anos e meio. O ônibus que nos conduzia para a Univali em Itajaí saía às 18h de Camboriú e voltava por volta das 23h. Tive as minhas duas filhas durante esse período e lembro-me de fazer avaliações com a professora de Estrutura e Funcionamento, a inesquecível Lenir Novaes, balançando uma das minhas filhas, a qual era levada pelo pai para que eu pudesse amamentá-la. Eu não abria mão de oferecer o direito que tinham de serem amamentadas até o sexto mês, pois sabia da contribuição deste ato para o desenvolvimento pleno delas. Assim como passava todo o fim de semana pensando e produzindo um cardápio nutritivo para que fosse oferecido para elas enquanto eu trabalhava 40 horas por semana, e ainda cursava Pedagogia (presencial e noturno).

Confirmei, pelo curso de Pedagogia, que toda prática educativa tem uma teoria que a subsidia. Descobri-me como professora tradicional. Afinal, até então só repassava conteúdos. Pedia para que meus alunos memorizassem e nas provas cobrava conteúdo tal qual eu ensinava. O que fazia um pouco de diferente era inspirado nas aulas observadas no estágio do magistério, porém não dava conta ainda de organizar aulas baseadas em problemáticas, hipóteses, pesquisas, ou seja, queria muito trabalhar com a Pedagogia de Projetos com os alunos. Tinha receio de que eles não aprendessem, se não realizassem aqueles exercícios repetitivos para depois responderem a questões nas provas. Aprendi no curso de Pedagogia a ousar com responsabilidade, pois aprender é o mínimo que os alunos esperam ao ir para a escola, e os pais ao enviá-los. Nenhum pai manda seus filhos para escola para serem reprovados.

Na graduação reiterei a importância de planejar coletivamente, pois os trabalhos em grupo foram amplamente exercitados. Busquei desenvolver esta prática na escola onde trabalhava, desta vez, em Balneário Camboriú, na rede municipal de ensino, na qual sou concursada desde 1994. Fiz parceria com uma colega da mesma série, e juntas vivenciamos a experiência do planejamento compartilhado. Minha parceira, Adriana Berreta, tinha experiência com a Pedagogia de Projetos, e juntas ousamos.

Hoje eu percebo que no começo não construí os projetos com base nas necessidades e no interesse dos alunos; apresentava-lhes os projetos e motivava-os conforme objetivos de ensino.

É perceptível em minha vida profissional a contribuição desse período de exercício de elaboração e gestão de projetos educativos. Apresentava os projetos, e, na/com a prática da pesquisa, professora e alunos começavam a perceber novas questões de estudo e outros projetos foram sendo elaborados para atender à curiosidade epistemológica das crianças. Aprendi, nesse processo, a importância de socializar os resultados com a comunidade escolar via exposição de arte, saraus, resultados de pesquisas feitas pelos alunos para a comunidade, para a imprensa local e outros.

Os questionamentos sempre me acompanhavam. Penso ter uma forma melhor ou diferente de realizar as atividades pedagógicas; sou muito inquieta com o processo de formação profissional e sempre acreditei que o processo de aprendizagem é infinito — basta estarmos motivados, envolvidos e comprometidos com a função social da escola e garantir que todos aprendam e se humanizem por meio das aprendizagens cognitivas e emocionais.

A continuidade das formações e as experiências na docência ofereceram-me a condição de trabalhar com a Pedagogia de Projetos e as demais modalidades organizativas do conhecimento, como Atividades Permanentes, Atividades Sequenciais e Atividades Esporádicas, que se complementam no processos de ensino e aprendizagem dos alunos que por mim passaram; e de forma eficaz, as referidas modalidades dão maior flexibilidade para o trabalho com algumas áreas de ensino sem que estas tenham de, obrigatoriamente, ser trabalhadas dentro de determinado projeto unicamente.

1.3.1 A rede de ensino de Balneário Camboriú

Na rede de ensino de Balneário Camboriú, a formação continuada é uma constante. Com a formação, os coordenadores pedagógicos acompanhavam as práticas de sala de aula. A coordenadora pedagógica da secretaria de Educação na época que assumi realizava visitas quinzenais, com agendamento e pauta dos aspectos que seriam observados do planejamento e da prática para futuras reflexões. Levava-me a refletir sobre etapas do planejamento que colaboraram com a aprendizagem e etapas que poderiam ser melhoradas.

O olhar atento da coordenadora pedagógica Ita Márcia sobre as minhas aulas foi também uma expressiva contribuição na constituição da minha profissionalidade. Os seus "por quê?" instigavam-me e levavam-me a refletir sobre o planejamento. Da avaliação e do feedback da aula observada, eu criava um planejamento e uma nova dinâmica para atender às necessidades dos alunos e produzir um processo de aprendizagem com mais resultados.

Aprendi com o trabalho de coordenação da professora Ita Márcia e da literatura especializada que é preciso educar o olhar da observação. Assim como olhava minha aula criteriosamente, e juntas pensávamos em soluções, comecei a olhar meus alunos e as formas únicas de cada um aprender. Um aspecto por vez. Pelos registros após a observação, alcançam-se subsídios para novos planejamentos e intervenções.

No ano de 1997, passei dois meses na cidade de Araras, SP, e na Faculdade de Ciências e Letras de Araras. Nesse período, também com as filhas ainda pequenas, recebi a visita delas e do pai por duas vezes. Nesses dias fiz minha primeira parte da especialização em Metodologia do Ensino Superior, que muito contribuiu para a visão da importância da pesquisa e da ciência no cotidiano profissional do professor. A segunda parte foi a distância com o envio do trabalho de conclusão. No retorno para a sala de aula, fui surpreendida com um convite de coordenação, que explico a seguir.

A coordenadora Ita Márcia precisou sair da função. Fui convidada a assumir o seu lugar. "E agora, José?", "Por onde começar?" Tinha muito claro em minha mente que é preciso cuidado no trato com os professores e com as pessoas de forma geral. Ao me aproximar das pessoas, sempre penso: se fosse comigo, como eu gostaria de ser abordada?

Então em 1998, já com o título de especialista, assumi a função de coordenação pedagógica, substituindo aquela com quem muito aprendi a refletir sobre a prática pedagógica, a coordenadora Ita Márcia.

De forma respeitosa, iniciei o trabalho de coordenação pedagógica com os professores de quarto e quinto ano. A princípio, preocupei-me em estabelecer vínculos afetivos, colaborativos, para que o trabalho ocorresse da melhor forma possível e valesse pelo simples fato de nos conhecermos e pela oportunidade de momentos de estudo e trocas de experiências. Assim como no diálogo entre a raposa e o pequeno príncipe, é imprescindível a criação de vínculos para que nos tornemos parte de um processo de construção de saberes, neste caso, saberes docentes.

> Exatamente, disse a raposa. Tu não és ainda para mim se não um garoto inteiramente igual a cem mil outros garotos. E eu não tenho necessidade de ti. E tu não tens também necessidade de mim. Não passo a teus olhos de uma raposa igual a cem mil outras raposas. Mas, se tu me cativas, nós teremos necessidade um do outro. Serás para mim único no mundo. E eu serei para ti única no mundo. (SAINT-EXUPÉRY, 1981, p. 68-69).

No convívio e nas visitas às escolas da rede municipal, mais precisamente nas turmas de quarta série (assim denominadas na época), comprovei que os professores sabem muito e precisam de oportunidades para a troca de seus saberes e aquisição de novos, valendo-se da experiência de seus colegas e do estudo da teoria.

Iniciamos, no período da minha coordenação e paralelamente ao curso de formação do Instituto Cooperação[1], as feiras pedagógicas municipais, uma vitrine do que a rede produziu durante o ano.

Logo após esse período de coordenação, retornei para sala de aula e, em um dos períodos, trabalhei com a alfabetização na Educação de Jovens e Adultos. Uma experiência inédita e inesquecível, pela diversidade dos educandos que lá encontrei. Pessoas entre 18 e 58 anos que, após trabalharem durante todo um dia, vinham em busca de uma maior compreensão do mundo escrito. De forma bastante contextualizada, procurando trazer seu dia a dia para a sala de aula, fizemos descobertas que, para esses educandos, foram de grande importância.

Muitos foram os desafios, porém este trabalho proporcionou-me uma realização imensurável. Pude presenciar quanto o conhecimento da leitura e da escrita pode trazer maior consciência dos que lá estavam da sua contribuição e participação na sociedade. Após seis meses, já alfabetizados, eles começaram a perceber as grandes contribuições do letramento para aquisição de uma vida mais participativa como um todo. Nas aulas, a cada encontro, conhecendo-os melhor, incitava-os a resgatar seus sonhos, seus desejos e quanto mereciam aquela condição de leitores e questionadores da sua realidade.

Com a aquisição desse processo de leitura e escrita, tornaram-se mais participativos nas discussões sobre seus contextos profissionais, pessoais e sociais. Percebi, até mesmo, desejos de produções literárias. E não é que contribui com a alfabetização de um aluno poeta e hoje produtor de livros de poesia? Aliás, fui a

---

[1] INSTITUTO COOPERAÇÃO: instituto de formação continuada da cidade de Florianópolis, coordenado pela Prof.ª Dr.ª Cássia Ferri, que permaneceu na rede de ensino de Balneário Camboriú do ano de 1997 a 2000.

apresentadora de um de seus livros. Os sonhos de assinar documentos, tirar a carteira de motorista, ler placas e orientações na rua, fazer contas, saber quanto ganhava por dia como pedreiro (pois até então só sabia o salário do mês), ou seja, desenvolver diversas atividades no seu cotidiano de maneira autônoma reflexiva e necessárias, foram muitas das experiências relatadas por meus alunos do ciclo de alfabetização de adultos.

Essa experiência com os adultos analfabetos, no início, muito contribuiu para minha formação docente, possibilitou-me vivenciar e compreender que o tempo de aprender de cada ser é único, que o contexto de cada educando precisa ser considerado em relação ao conteúdo trabalhado pelo levantamento dos conhecimentos prévios diagnosticados. Que o conhecimento escolar, nessa faixa etária, terá significado, mas só se acrescentar sentidos e ampliar desejos de melhoria na vida desses educandos.

No ano de 2006, já mestre, novamente fui convidada pela administração Rubens Spernau para assumir o Departamento de Educação Infantil que estava sendo criado e recebendo todos os núcleos de Educação Infantil para serem administrados pela Secretaria de Educação, pois até então pertenciam à Secretaria de Assistência Social e à Secretaria do Bem-Estar Social.

Montou-se uma equipe de professoras de elevada experiência na educação infantil para compor o departamento. Então, movidas por ideais e alinhadas os Referenciais Curriculares Nacionais da Educação Infantil (Recneis) e tendo o planejamento como ferramenta pedagógica, não medimos esforços para que os momentos vivenciados fossem reflexivos e propositivos.

Desejávamos, por parte dos educadores e servidores da educação infantil, de forma geral, uma postura de reflexões constante, pois até então o viés era assistencialista e a curiosidade epistemológica era uma ação bastante pontual de alguns educadores. Paulo Freire já afirmava: "[...] educação de qualidade só é possível para aqueles que acreditam que mais importante que o conhecimento é a curiosidade e a vontade de aprender sempre" (FREIRE, 1996, s/p). Por isso a necessidade de os que trabalham com a educação estarem em permanente aperfeiçoamento profissional. Não esperar somente das políticas públicas de formação, mas buscar incansavelmente as oportunidades e parcerias para a continuidade do crescimento profissional.

É nesse exercício de eternos aprendizes e curiosidades epistemológicas que nós educadores seremos capazes de espalhar perguntas, jamais plantar certezas; perceber janelas que mostram, por seus diversos cenários, que há muitas outras formas de se enxergar e perceber o mundo além daquelas a que nos acostumamos, há muitas outras formas de se enxergar e perceber o mundo basta nos dispormos e estarmos abertos para novas perspectivas, novos pontos de vista.

Nessa perspectiva, construímos algumas parcerias na busca do aprimoramento da educação infantil, como a parceria com o Centro de Educação e Documentação para a Ação Comunitária (Cedac), por meio do programa Crer para Ver, do Instituto Social da Natura Cosméticos: durante dois anos houve formação para a equipe técnica e pedagógica da SED, coordenadores e professores de todas as unidades de ensino. Com o instituto, planejamos uma formação para que os profissionais envolvidos se tornassem capazes de tomar decisões sobre a necessidade do planejamento que garantisse ação e reflexão da importância da literatura nos espaços da sala de aula e a necessidade de extensão à comunidade escolar no que refere a práticas de leitura.

Do instituto recebemos três tipos acervos para cada unidade: literário-infantis para ficarem nas unidades; literário-infantis circulantes pelas famílias; e literatura adulta para os profissionais envolvidos na formação, divididos entre literatura circulante para todas as unidades escolares. Essa parceria oportunizou-nos a compreensão do que nos diz Ferreiro na revista *Nova Escola* em junho de 2001: "[...] o aluno que tiver a chance de ouvir o professor lendo em voz alta presenciará um ato quase mágico".

Com essa parceria e ação, demos à atividade de leitura na educação infantil o seu lugar de destaque, que sabemos que precisa ter, pois a leitura oferece asas aos que se deleitam com ela.

Outra ação pontual e com previsão legal nos documentos oficiais foi a realização anual das avaliações institucionais, que deram amparo às demais ações exitosas na educação infantil de Balneário durante a gestão do departamento já mencionado. Todos os envolvidos com a comunidade escolar eram participantes dessa avaliação, incluindo as crianças, que participavam por meio de entrevistas realizadas pelos auxiliares de sala. Projetos como parque alternativo, grupo de estudos dos profissionais da educação, família na escola, literatura em família, festival de dança temático e outros foram desenvolvidos, difundidos e acolhidos por toda a cidade.

1.3.2 Gestão de Projetos

No ano de 2017, depois de ficar oito anos ininterruptos na sala de aula, conforme relatos de experiências que farei mais adiante, fui convidada novamente a fazer parte do colegiado da Secretaria de Educação de Balneário Camboriú. Nesse primeiro momento, dirigi o departamento de Ensino Fundamental, com um grupo de profissionais especialistas e mestres representantes de cada área de ensino. Juntos fizemos diagnóstico estrutural e pedagógico da rede por área e iniciamos a construção de uma prática integrada para o alcance de objetivos comuns, que é o de qualidade do ensino público.

Em 2018 fui para o departamento de Desenvolvimento Educacional e ali conduzi a gestão de projetos com o objetivo de buscar parcerias que pudéssemos ampliar ainda mais os horizontes educacionais de Balneário Camboriú.

Novamente, grandes parcerias e temas foram desenvolvidos com a USP pela Faculdade de Telemedicina, com Sebrae, Lions do Brasil, Rotarys, Udesc, Amfri, secretarias municipais, Defesa Civil, Ministério Público; e muitos outros parceiros marcaram esse período.

Na condução dos trabalhos, dedicamo-nos à acolhida das entidades proponentes, ao encaminhamento para as unidades que melhor pudessem atender às propostas de desenvolvimento do projeto, acompanhamento da realização pelos seus multiplicadores, organização da socialização, elaboração de roteiros de avaliação, tabulação e avaliação da execução dos mesmos projetos, bem como encaminhamento às entidades proponente e resultados alcançados com propostas de possíveis versões para uma próxima aplicação.

Foram momentos em que, ao mesmo tempo, oportunizamos aprendizagens complementares aos nossos alunos e aprendemos muito com os temas que vinham atender à necessidade de uma escola que se aprofundasse no desenvolvimento integral dos mesmos projetos. Temas como autocuidado no projeto Jovem Dr.; educação socioemocional com o "Lions Quest"; educação financeira com o Sebrae; português para estrangeiros em parceria com a Udesc; educando o olhar para o turismo, em parceria com a Amfri (projeto este em que fui coautora de um caderno orientador); ética e cidadania com o Ministério Público e a OAB.

1.3.3 Presidente do Comitê de Gerenciamento e Contingência da Pandemia da Covid-19, no Âmbito da Educação

Com a paralisação das aulas, no ano de 2020, por conta da pandemia da covid-19, os projetos também cessaram, e com isso todo um trabalho foi iniciado para que o retorno às aulas fosse de forma que garantisse a biossegurança de todos.

Mais um desafio foi me proposto. Eu e membros da comunidade escolar e civil representados no Comitê Municipal, e após uma formação oferecida pelo Estado de Santa Catarina, elaboramos o plano de contingência de Balneário Camboriú e orientamos as demais 92 unidades de ensino da cidade, entre elas públicas, estaduais e municipais, filantrópicas, particulares e universidades.

Quase dois anos de orientações, acompanhamentos e monitoramento baseados em toda uma legislação e em documentos oficiais para que os protocolos de biossegurança garantissem que o direito dos alunos fosse preservado e as escolas permanecessem abertas com toda segurança.

1.4 MESTRADO E EXPERIÊNCIAS COM O ENSINO SUPERIOR: inspirando novas profissionais da educação

Em 2002, havia ingressado no Grupo de Pesquisa de Formação Docente do mestrado da Univali como aluna especial; e paralelamente me matriculei num curso com a educadora Madalena Freire, que desenvolvia um projeto específico para coordenadores pedagógicos.

Aprendi muito nesses momentos simultâneos e distintos em constituição curricular. No primeiro, a importância da pesquisa como fundamento e conhecimento das práticas dos professores. No segundo, a necessidade de iluminar essas práticas com base na teoria.

Madalena alertava-nos para a importância de os professores, pelo estudo da teoria, perceberem o que faltava em suas práticas. Dizia-nos que essa consciência não cai do céu, o professor precisa apropriar-se do saber e refletir sobre suas aulas. Exercitava-nos no desenvolvimento da capacidade escritora, por meio dos registros reflexivos sobre a sua aula, e acrescentava que estes são armas de luta nessa concepção de aprendizagem profissional.

No grupo de pesquisa do mestrado em Educação da Univali, após dois anos, tornei-me aluna regular e iniciei o processo de pesquisa sobre como nos constituímos profissionalmente.

No ano de 2004, iniciei minha experiência com o ensino superior, na época, Faculdade Avantis. Nela a minha realização profissional se completa, primeiro porque me tornei formadora de novos profissionais da educação; depois, pelo apoio dado sempre pela instituição no quesito formação continuada, tornei-me uma eterna estudiosa dos processos de ensinar e aprender.

No ano de 2002, ao chegar a Balneário Camboriú, a Faculdade Avantis já buscava um relacionamento estreito com a rede de ensino municipal, numa parceria que muito nos acolheu e até hoje nos recebe, nos seus espaços para visita de nossos alunos aos diversos laboratórios de inovação e tecnologia, formação dos nossos profissionais agentes de alimentação nos laboratórios de gastronomia, assim como formação para as demais diversas áreas da educação nos seus auditórios e com seus especializados profissionais. Essa parceria também contava com a contração de nossos professores e especialistas para atuarem na faculdade. Eu, muito bem recomendada, pela secretária da educação da época, a inesquecível, Jacy Malta, fui convidada em 2004 para compor o corpo docente, e desde lá considero a Faculdade Avantis, hoje Centro Universitário Uniavan, como minha segunda casa profissional: lá muito avancei na produção acadêmica e no aperfeiçoamento profissional, pois, ao mesmo tempo que nos acolhe como verdadeiros membros da família Uniavan, desafia-nos, cada dia mais, a nos aperfeiçoarmos na prática e na produção acadêmica.

Minha experiência com o ensino superior, na época, a Faculdade Avantis, complementou minha realização profissional, primeiro porque tornei-me formadora de novos profissionais da educação, depois pelo apoio dado por sempre pela instituição no quesito formação continuada e desafios permanentes.

Ter atuado todos esses anos no ensino superior e, concomitantemente, na educação básica muito me aproximou de uma prática fundamentada na pesquisa e nos resultados qualitativos, principalmente por podermos estar muito próximos da produção científica, iluminando a prática e, com isso, consolidando os processos educativos respaldados pela ciência.

Meu início como professora universitária foi marcado com a disciplina de Alfabetização no curso normal superior. Nesse período, muito produzimos. Trabalhava com a produção de portfólios como instrumento de avaliação e registros. Todas as aulas tinham uma pauta que começava com reflexões da aula anterior, apresentação dos conceitos a serem trabalhados no encontro e avaliação da aula, que contemplava os seguintes aspectos: participação do grupo, dinâmica e encaminhamentos da professora, conteúdos aprendidos, desafios propostos, enfim, de todo conjunto de elementos que compõem uma aula. Os resultados sempre foram surpreendentes. Um relato sobre esse tempo comporá o capítulo das memórias.

Na continuidade dos trabalhos docentes, atuei como professora do curso de especialização em Supervisão Escolar. Deste trabalho, enfatizo o Projeto Político-Pedagógico (PPP), a contribuição desse instrumento regulador dos processos para o supervisor escolar e a qualidade pedagógica baseada nos planejamentos e acompanhamentos deste profissional na atividade diária de uma escola. Na Avantis também atuei como professora de formação continuada, oferecida pela faculdade às redes de ensino de Camboriú, mais precisamente para os profissionais da Apae, na orientação da produção do PPP; e na rede municipal de Piçarras, com os professores de alfabetização. A ênfase nas formações baseava-se principalmente no planejamento e no monitoramento das práticas exitosas tanto com os PPPs quanto com os processos de alfabetização, que são base para todas as outras fases do desenvolvimento de conceitos do currículo escolar.

Hoje, refletindo sobre o curso de Pedagogia, continuo convicta de que o ensino superior na formação docente precisa estar aliado a uma carga horária cada vez maior de práticas que, ao serem refletidas no grupo, darão consistência à formação daqueles que atuarão no fazer pedagógico e darão continuidade ao processo crítico, reflexivo e proativo de cada educando e a sua formação integral.

No EaD do curso da Pedagogia, também me tornei professora-autora. Foi uma honra compartilhar com centenas de acadêmicas um caderno intitulado *Elaboração e Gestão de Projetos Educativos*: oportunidade única de, em paralelo a toda a pesquisa da teoria que fundamenta os projetos educativos como uma modalidade organizativa dos processos de aprendizagem, compartilhar práticas pessoais e comprovadamente exitosas do meu trabalho de sala de aula, que num capítulo adiante relatarei.

As relações que se estabeleceram nos 16 anos no Centro Universitário Uniavan e também no Centro Universitário Leonardo da Vinci (Uniasselvi) só me fortaleceram enquanto professora formadora, pois ambas são instituição que desafiam seus profissionais a serem protagonistas e, com isso, tornarem-se melhores formadores dos futuros profissionais que por lá passam. O compromisso com cada acadêmico que busca profissionalização é a maior razão de existir dessas instituições.

Com o advento do EaD, logo nos foi oferecida na Uniavan uma especialização sobre Ensino Híbrido; e, com ela, surgiram novos desafios, principalmente o de conquistar os acadêmicos na utilização das tecnologias e de todas as plataformas oferecidas pela Uniavan como um meio de aperfeiçoamento profissional e aproveitamento integral da formação docente.

Durante todos esses anos e com todas as oportunidades que desfrutei para a constituição profissional, com certeza não obtive todas as respostas às complexidades do processo de aprender e de ensinar. No decorrer da minha trajetória, principalmente a de formação profissional, percebo que novos caminhos se abrem, que novas formas vão substituindo maneiras "antigas" de resolução de problemas, que novas exigências se colocam para responder às necessidades contemporâneas, que o novo sempre nos desafia, e, por este, jamais paralisaremos.

Compreendo que o desprendimento e a constante reflexão pedagógica, aliada à responsabilidade que me cabe como educadora e formadora, vão se constituindo elementos indispensáveis na formação profissional, mais humana, mais consciente de que as possibilidades de crescimento são múltiplas e estão à disposição dos que se dispõem a criar-se e recriar-se cotidianamente junto aos seus educandos e pares de profissão.

Em 2005, aprovada para o mestrado, como pesquisadora, investiguei os sentidos atribuídos por dez docentes dos anos iniciais do ensino fundamental da Rede Municipal de Ensino de Balneário Camboriú às suas trajetórias de formação.

Como nos diz Freire (1996) na obra *Pedagogia da Autonomia: saberes necessários* à *prática educativa*, a consciência do inacabamento distingue-nos dos animais, por isso sei que não escaparei de outras tantas aprendizagens. Aprendizagens que durante toda minha vida muito me tocaram, muitas vezes de forma visceral, e transformaram-se em ato de amor, de fascínio, de prazer, de realização, não só para comigo, mas também para com todos com os quais aprendi a compartilhar minhas experiências, pois, da mesma forma que essas experiências chegaram até mim, socializei-as.

Processos árduos, tortuosos, exigentes. Caminhos cheios de medo, medo que não pode nos paralisar e nunca me paralisou, em nenhuma das dimensões de vida. Medo que precisamos dominar, domar, enfrentar, e nele buscar, criar coragem e ousar. Coragem que nos liberta das angústias do não saber. Entregar-se a esses processos de aprendizagem, para mim, é fundamental, é vital e diário.

A consciência da incompletude, do inacabamento, como expressou Freire (1996), acompanha-me diariamente. Para muitos, isso incomoda, assusta, porque aprender nos faz deslocar, romper com velhos paradigmas, transmutar e investir em novas práticas, e isso nos exige mais trabalho, mais dedicação, mais empenho, mais disposição para sairmos da zona de conforto, zona essa que não gera movimento, muito menos aprendizagens. Fascinantes aprendizagens: é isso que teremos ao nos dispor a refletir sobre a nossa prática.

No mestrado, pautada na perspectiva da abordagem qualitativa e utilizando a estratégia de entrevistas, investiguei os significados e sentidos atribuídos por dez professoras às suas trajetórias profissionais e constituição de suas profissionalidades docentes. As dez professoras investigadas atuavam nos anos iniciais do ensino fundamental da Rede Municipal de Ensino de Balneário Camboriú, SC.

Nóvoa (2000, p. 71) afirma que "esta escola de investigação educacional qualitativa trata de ouvir o que o professor tem para dizer, e respeitar e tratar rigorosamente os dados que o professor introduz nas narrativas". Tal abordagem permitiu-nos captar algumas percepções das professoras entrevistadas sobre a constituição de suas profissionalidades docentes e os sentidos atribuídos por elas às suas trajetórias de formação profissional.

Nas considerações da pesquisa do mestrado, especificamente na análise dos aspectos da formação inicial e continuada com a pergunta que permeia toda a pesquisa — como nos tornamos professoras e quais sentidos atribuímos a essa profissionalidade? —, as professoras pesquisadas demonstraram clareza das limitações das formações oferecidas, tanto a inicial como a continuada, mas em momento algum se percebeu que veem a formação como única forma de constituírem-se profissionais e não atribuíram essas limitações a um fator de não comprometimento com seus alunos. Por isso, quando questionadas sobre outras formas de aprendizagem além das formações institucionalizadas, atribuíram considerável importância ao que aprendiam com as crianças, às trocas de experiências entre os parceiros da escola, à busca constante de informações nos mais variados meios de comunicação e, principalmente, ao enorme gosto que tinham em exercer a profissão docente, o que poderia ser um dos fatores que as levaram a ser tão comprometidas com a função e à constante busca pelo aperfeiçoamento profissional. Na sua maioria, demonstraram a importância de dar continuidade aos estudos, em busca de mais titulação.

Segundo Fazenda (1999, p. 158):

> [...] as práticas dos professores não se modificam a partir de imposições, mas exige um preparo especial, no qual os mesmos sintam-se participantes comprometidos. Trabalhamos a partir da descoberta e valorização de quem são os professores, de como atuam, indicando caminhos alternativos para seus fazeres.

Entendemos a percepção da autora como um fator de grande relevância no processo de profissionalização docente. Percebe-se quanto as formações, ao serem planejadas, necessitam levar em conta o que os professores pensam e como vivem seus processos de aprendizagem. Só então haverá um comprometimento, uma sintonia entre a formação e a ação pedagógica.

A forma pela qual nós professores atribuímos sentido aos processos de desenvolvimento pessoal e profissional parece apontar para uma determinada concepção do nosso papel na participação da construção e transformação da sociedade. Cada vez mais, percebe-se a urgência de ter professores com uma postura ética na relação e no compromisso com essa construção; que as atitudes positivas e proativas em relação aos processos de constituição profissional, por exemplo, precisam perpassar primeiro pela atitude que cada professor tem diante do compromisso com sua aprendizagem permanente para depois se exigir o compromisso dos seus alunos com os seus processos de aprendizagem.

Aprender a ser professora, segundo depoimento de alguns dos sujeitos da pesquisa, constitui-se uma questão de vida, uma necessidade imprescindível, diária. Alcança uma dimensão que vai além da formação sistematizada. Por vários mecanismos de interação social e cultural, em vários tempos e espaços, as professoras pesquisadas percebem a formação do ser professora acontecendo, sempre em perspectiva de algo novo. Essa formação, segundo elas, é imprescindível diante das constantes inovações tecnológicas e das descobertas científicas, e fazia-as sentir mais aptas a perceber e refletir com os alunos sobre as constantes mudanças da sociedade.

Os sentidos que precisamos atribuir às nossas trajetórias profissionais vão muito além daquele que a formação inicial ou continuada nos convoca a perceber. É preciso ter clareza no compromisso que a escola precisa assumir na comunidade onde está inserida. Com os alunos que nos são confiados, podemos construir realidades. Enquanto vermos a educação como uma prática profissional emancipatória é importante garantir que, pela educação oferecida por nós professores, formaremos os futuros cidadãos, cada vez mais reflexivos e protagonistas na construção da sociedade que almejam.

2 – AUTORES QUE FUNDAMENTARAM E FIZERAM A DIFERENÇA NA MINHA FORMAÇÃO

Neste capítulo, abordarei algumas referências que me deram suporte teórico-metodológico e formação pessoal como professora, pesquisadora e autora. Mas são só alguns dos muitos autores lidos e consultados, pois a construção do ser professor, nas diversas dimensões da vida, sem dúvida, é constante e acontece paralelamente a todo processo de desenvolvimento humano.

Não importa qual o portador de textos um profissional de qualquer área escolhe para ler, o que não se pode esquecer são as inúmeras contribuições que a leitura traz para aquele que cultiva esse hábito e, principalmente, o crescimento e a expansão de nossos conhecimentos e nosso universo interior.

Livros físicos, e-books, revistas, jornais, artigos na internet, entre outros muitos meios, são tipos de portadores que trazem resultados de trabalhos científicos e infinitas possibilidades de desenvolvimento pleno do potencial humano nas suas respectivas áreas.

Nas diversas leituras realizadas ao longo da carreira, primei por literaturas respaldadas em pesquisas científicas, no que tangia a minha formação profissional. Já para a formação pessoal, uma área que vejo ser imprescindível para a carreira de professor, percorri os mais diversos autores e suas literaturas, que me preenchiam a alma. Poesias, contos de fadas, autoajuda, biografias, drama, fantasias, humor, ficção científica e histórias de vida, como de Madre Teresa de Calcutá, Zilda Arns, Viktor Frankl, Monty Roberts, Cora Coralina, Bert Hellinger, Jesus de Nazaré e muitos outros. Histórias de vida que me impactaram pela capacidade de cada um, no seu tempo e em contextos diversos, que se tornaram uma referência e me mostraram, pelas suas trajetórias, que posso diariamente tornar o mundo um lugar melhor do que aquele que encontrei.

Nesta publicação falarei de alguns autores, dos muitos que profissionalmente também me inspiraram a práticas que considero necessária na vida de qualquer professor e quaisquer educandos.

Ler, reler, escrever o compreendido, inspirar-se para novas ações servindo-se das leituras realizadas é um dos caminhos para uma prática iluminada por teorias produzidas de estudos palpáveis e comprovados cientificamente. Corroborando o que acabei de afirmar, o filósofo Mario Sergio Cortella (2020), afirma que só poderemos nos tornar bons ensinantes quando também, formos bons aprendentes. Por isso, a trajetória de formação de um professor é contínua durante toda a sua carreira, e a literatura das áreas que envolvem a formação humana e a específica sempre será uma forte aliada.

Neste sentido, refiro-me à necessidade de o profissional da educação ter uma sólida formação, incluindo a formação humana, porque sempre uso nas minhas aulas do curso de Pedagogia o discurso de que somos um todo e esse todo precisa ser alimentado de várias teorias para que a formação humana/profissional/social seja completa.

Essa forma de pensar, numa formação integral para ser professor, não foi desde o início da minha carreira. Por muito tempo pensei que os processos de formação eram semelhantes, lineares, todos aprendiam porque faziam uma formação inicial e continuada; dedicávamo-nos à prática e baseados na teoria e pronto: já estávamos habilitados. Mas não foi bem assim.

Hoje percebo que os processos são singulares, únicos e complexos. Aprender não é simplesmente um ato racional; é preciso muita determinação e sentidos envolvidos, conforme mencionado na introdução. Envolve-nos por inteiro; razão e emoções necessitam estar em sintonia, e assim a aprendizagem se torna um ato amoroso, memorável, primeiro com quem aprende, depois com quem vamos afetar com a nossa forma de ensinar. Com isso, descobri que aprender é recheado de afeto, pois quando somos afetados positivamente, potencializamos áreas do desenvolvimento cognitivo.

> Não podemos mais pensar em um professor abstrato, genérico, não podemos mais acreditar, de maneira ingênua, que a formação dos professores acontece

somente nos espaços destinados a esse fim. Cada vez mais fica claro que os professores, mulheres e homens inacabados, contraditórios e multifacetados - com histórias pessoais forjadas nas relações que estabelecem com o outro, com a cultura, a natureza e consigo mesmos – fazem escolhas, criam-se e recriam-se encontrando formas de crescer e se exercer profissionalmente. (FURLANETTO, 2003, p. 14).

Dos muitos teóricos que fundamentam minha formação acadêmica e humana, especialmente em práticas que considero exitosas, alguns com suas obras me tocam visceralmente. Leio e releio quantas vezes sinto necessidade de retroalimentar alguns dos meus pensamentos que me inspiram a planejamentos cada vez mais próximos da realidade dos educandos.

Paulo Freire (1996), com a quase "receita teórico-metodológica" em *Pedagogia da Autonomia: saberes necessários para a prática educativa*, entre outras obras, não só iluminou como vem iluminando minha prática e ampliando horizontes. A cada leitura realizada, a compreensão de que temos de atuar, principalmente, na dimensão da formação social do ser humano instiga-nos a termos uma prática voltada para a autorreflexão, fazendo com que os educandos percebam e façam a leitura crítica da realidade e, com isto, atuem nas problematizações sociais e juntos, por meio de uma metodologia participativa e colaborativa, gerem soluções. E isso não é nada mais, nada menos, do que atuar na formação de cidadãos altamente sociais, políticos e protagonistas da construção da sua história, conforme defendido pelo autor na maioria de suas obras.

Freire alerta-nos para uma prática voltada para a ética, a estética, o compromisso e a competência profissional. Uma atuação altamente respeitosa com os saberes dos educandos e sua identidade cultural, pautada na rejeição de todas e quaisquer formas de discriminação. Uma prática voltada para o diálogo e a escuta atenciosa, pela corporificação do dito e o querer bem aos educandos. Ações que criem consciência do inacabamento; por isso, a prática cultiva a curiosidade epistemológica, espalha esperança, alegria e, na autoridade conferida, a de docente, constrói um clima de liberdade e participação de todos. Uma prática que incentiva a pesquisa como conhecimento da realidade e pela capacidade reflexiva ensina-nos a pensar certo ou muito próximo do ideal.

> Por isso é que, na formação permanente dos professores, o momento fundamental é o da reflexão crítica sobre a prática. É pensando criticamente a prática de hoje ou de ontem que posso melhorar a próxima prática. O próprio discurso teórico, necessário à reflexão crítica, tem de ser de tal modo concreto que quase se confunda com a prática. O seu "distanciamento" epistemológico da prática enquanto objeto de sua análise, deve dela "aproximá-lo" ao máximo. (FREIRE, 1996, p. 43-44).

Ainda pensando nos teóricos que me fizeram e fazem refletir sobre a minha prática, cito Gimeno Sacristán, estudioso e pesquisador espanhol com mais de 20 publicações, resultado de sua participação em mais de 100 pesquisas científicas sobre a prática pedagógica, forte influenciador educacional desde o século XX até os dias de hoje, sobre propostas pedagógicas de formação docente que muito me fizeram compreender quanto eu precisava me dedicar a minha profissionalização. Com ele refleti que pensar na formação do professor é pensar também que este é o responsável último pela ativação da vontade do seu próprio desenvolvimento.

> [...] vontade é a grande faculdade esquecida da filosofia ocidental, vítima do racionalismo estreito e parcial [...] devemos dar bastante importância aos motivos de ação do professorado, pois temos educado as mentes, mas não o desejo, não educamos à vontade. Damos conhecimentos, mas não educamos os motivos. Para educar é preciso que se tenha o motivo, um projeto, uma ideologia. Isso não é ciência, isso é vontade, é querer fazer, querer transformar. E querer transformar implica ser modelado por um projeto ideológico, por um projeto de emancipação social, pessoal, etc.

> Os motivos, as motivações do professorado têm sido um capítulo ausente da formação de professores e da investigação sobre a formação de professores. (SACRISTÁN, 2002, p. 86).

O fim do século XX e o início do XXI têm sido palco de grandes discussões a respeito da formação docente. O tema ocupa importante lugar nas agendas públicas. E isso é uma boa notícia. Passando a ocupar lugar privilegiado, há grandes chances de, por meio da formação docente, ampliarmos o estatuto da profissão professor.

Refiro-me a esses estudos pois tenho como referência também o pesquisador e historiador da educação e um dos intelectuais de maior circulação internacional no debate pedagógico, o português António Nóvoa. O autor concentra suas atenções em aspectos intraescolares como currículos e competências, formação inicial e continuada e processos de aprendizagem, eixos publicados com base em pesquisas científicas orientadas por ele Tais publicações sempre me fazem refletir sobre a importância da formação ao longo da carreira para a legitimação da profissão professor e a construção da identidade profissional.

Nóvoa, nas suas pesquisas e publicações, defende que as formações qualificadas dos docentes são responsáveis pelas transformações que garantirão uma educação adequada e mais coerente com a sociedade contemporânea.

> [...] há dois pólos essenciais: o professor como agente e a escola como organização. A preocupação com a pessoa do professor é central na reflexão educacional e pedagógica. Sabemos que a formação depende do trabalho de cada um. Sabemos também que mais importante do que formar é formar-se; que todo o conhecimento é autoconhecimento e que toda a formação é autoformação. Por isso, a prática pedagógica inclui o indivíduo, com suas singularidades e afetos. (NÓVOA, 2001, p. 3).

Na busca de autores que pesquisam as singularidades apontadas por Nóvoa, encontrei em Tardif, filósofo e pesquisador canadense dos saberes da docência, a ideia de que a constituição docente, as subjetividades e os saberes dos professores precisam ser alvo de investigações constantes e que os saberes utilizados nas práticas e que permeiam as pesquisas devem fazer parte das discussões nos cursos de formação inicial e continuada e, numa percepção mais ampla, pautar os processos formativos dos professores.

Numa de suas obras, a intitulada *Saberes Docentes e Formação Profissional*, de 2002 Tardif escreve a respeito dos saberes docentes e a sua relação com a formação profissional dos professores. No desenvolvimento dessa pesquisa, que resultou na publicação da referida obra, o autor, com o propósito de compreender o que pensam os professores sobre os seus saberes, conclui, como tantos outros, que o saber docente é um "saber plural, formado de diversos saberes provenientes das instituições de formação, da formação profissional, dos currículos e da prática cotidiana" (TARDIF, 2002, p. 54). Nas suas teorias, o autor discute uma possibilidade de classificação coerente dos saberes docente, associada à natureza diversa de suas origens, às diferentes fontes de sua aquisição, e as relações que os professores estabelecem entre os seus saberes e com os seus saberes. Nessa perspectiva, Tardif aponta a existência de quatro tipos diferentes de saberes envolvidos na atividade docente: os saberes da formação profissional (das ciências da educação e da ideologia pedagógica); os saberes disciplinares; os saberes curriculares; e, por fim, e não menos importantes, os saberes experienciais.

Ainda segundo o mesmo autor, a propósito dos conhecimentos profissionais dos professores, é importante ficarmos atentos aos documentos oficiais, como as diretrizes de formação ou os documentos legais para a formação inicial ou continuada, e não perdermos de vista a relevância do conhecimento sobre as crianças, os adolescentes, os jovens e os adultos; o conhecimento sobre as dimensões culturais, sociais e políticas da educação; a cultura geral profissional; o conhecimento para a atuação pedagógica; e o conhecimento experiencial contextualizado na ação pedagógica.

> [...] pode-se conceber a carreira como a trajetória dos indivíduos através da realidade social e organizacional das ocupações, [...]. A carreira consiste numa sequência de fases de integração numa ocupação e de socialização na subcultura que a caracteriza. (TARDIF, 2002, p. 79).

Outro aspecto bem importante da formação docente enquanto processo integral do ser professor é a capacidade que o professor precisa adquirir de se relacionar com êxito. O professor vive rodeado dos mais diversos tipos humanos, e as literaturas da área da psicologia muito contribuem para a aquisição dessa habilidade. As pesquisas e produções sobre a *Inteligência Emocional* de autoria Daniel Goleman — psicólogo, escritor e jornalista norte-americano nascido em 1946, nos Estados Unidos, e PhD na Universidade de Harvard, considerado o "pai" da Inteligência Emocional (IE) — muito contribuem com a formação docente a respeito deste aspecto. Formação esta que rendeu, no meu caso, um efetivo trabalho com as crianças no exercício da inteligência emocional, que será relatado mais adiante no capítulo das práticas.

Para Goleman (1995), a inteligência emocional é a maior responsável pelo sucesso ou insucesso dos indivíduos. Aponta que a maioria das situações de trabalho e da vida são envolvidas por relacionamentos entre as pessoas. Isso significa que as pessoas com qualidades de relacionamento humano — como afabilidade, compreensão e gentileza — têm mais chances de alcançar o sucesso.

> Uma visão da natureza humana que ignore o poder das emoções é lamentavelmente míope. A própria denominação Homo sapiens, a espécie pensante, é enganosa à luz do que hoje a ciência diz acerca do lugar que as emoções ocupam em nossas vidas. (GOLEMAN, 2001, p. 18).

Nessa perspectiva das múltiplas competências necessárias para ser professor diante dos diversos desafios do século XXI, Ramalho, Nuñez, Gauthier (2003, p. 101) também contribuíram com o meu jeito de ser professora apresentando como resultados de suas pesquisas um perfil esperado do professor:

> Atitude democrática, convicção de liberdade, responsabilidade, respeito por todas as pessoas e grupos humanos; Princípios éticos sólidos expressos em autênticas vivências de valores; Sólida formação pedagógica e acadêmica; Autonomia pessoal e profissional; Ampla formação cultural com real compreensão do seu tempo e do seu contexto, que lhe possibilite enfrentar com acerto e segurança os diversos desafios culturais; Capacidade de inovação e criatividade.

E, nas vivências como professora, acrescento que, além das habilidades elencadas pelos autores citados, que muito me fizeram compreender a responsabilidade de ser professora, a docência envolve ainda habilidades comunicativas e de um bom relacionamento com toda a comunidade escolar, essenciais para o desenvolvimento de aprendizagens individuais e coletivas. E a percepção do desenvolvimento das aprendizagens dos educandos também considero ser fundamental para a sensação de sucesso dos professores, pois, enquanto professora, entendo que meu papel vai além de ensinar na sala de aula, pois precisa provocar aprendizagens que preparem os educandos para o protagonismo na vida atual e futura.

Outra autora brasileira que me inspirou a pensar a formação docente como um ato de amorosidade e constante reflexão pedagógica foi Madalena Freire.

Um ano de formação continuada ao lado da grande educadora e filha de Paulo Freire e Madalena — professora de educação infantil em Pernambuco —, e entendi que a herança biológica e cultural é incontestável no processo de formação desta. Inesquecível educadora.

Durante um ano, numa formação continuada para coordenadores pedagógicos da Secretaria de Educação de Balneário Camboriú, num processo dialógico, refletiu-se sobre a gestão nos mais variados aspectos educacionais e, principalmente, o de sala de aula. Esses diálogos deram-me norte para o trabalhar na construção de processos cooperativos e compartilhados com os educandos, professores e especialistas desde a gestão disciplinar até a pedagógica.

Na busca de alertar os professores, Garcia (1995, p. 25) distingue quatro fases no aprender a ser professor:

> A primeira fase designada como pré-treino acontece no período da escolarização básica e se caracteriza como o momento em que o aluno aprende a ser professor. Neste período de sua formação, toma como exemplo a prática de seus próprios professores. A segunda é denominada como fase de formação inicial corresponde às situações formais de capacitação docente, como as graduações que envolvem as licenciaturas. A terceira é a fase de iniciação, que equivale aos primeiros anos de exercício profissional. Neste período, os professores aprendem com a sua própria prática. A quarta é denominada como fase de formação permanente. Ela corresponde à formação durante o decorrer de toda a vida dos professores.

Por esse e muitos outros conceitos dos processos de formação profissional do ser professor, vivo minha vida profissional como uma eterna aprendiz e num processo contínuo da alegria pelo descoberto a cada dia.

3 – RELATOS DE EXPERIÊNCIAS QUE MAIS ME FIZERAM APRENDER DO QUE ENSINAR: MEMÓRIAS DE ALGUMAS PRÁTICAS EXITOSAS

Como já mencionado no capítulo sobre a minha trajetória de formação, as questões metodológicas e de como as crianças aprendem sempre foram minhas inquietações. No início, seguia orientações de professoras mais experientes e tinha minhas professoras do ensino fundamental como referência. Ao iniciar na rede de ensino de Balneário Camboriú, em 1994, novamente a parceria com uma professora que ingressou no mesmo concurso foi fundamental e decisiva na opção metodológica para garantir a aprendizagem significativa dos educandos e da comunidade escolar com quem compartilhava minhas experiências pedagógicas. Professora Adriana Berreta, grande educadora e que tem meu respeito e admiração pela excelência dos trabalhos realizados com a Pedagogia de Projetos. Com ela, muito planejei, executei e avaliei as ações pedagógicas desenvolvidas nessa modalidade organizativa, os Projetos Educativos.

A consolidação dessa modalidade organizativa como prática metodológica se confirmou quando, de 1998 a 2001, tivemos a formação continuada da Rede Municipal de Ensino de Balneário de Camboriú trabalhando a Pedagogia de Projetos, com o Instituto Cooperação de Florianópolis, na época coordenado por outra grande educadora, a Dr.ª Cássia Ferri. Três anos de formação continuada que resultaram numa proposta pedagógica para a rede, cuja construção foi participativa e colaborativa entre todos os gestores, especialistas e professores.

Por que trabalhar com projetos? Quais as condicionantes dessa modalidade organizativa que favorecem o desenvolvimento integral do educando? Os fundamentos teórico-práticos à prática pedagógica baseada em Projetos Educativos no processo de ensino-aprendizagem são bastante otimistas e dão respaldo para uma prática exitosa dos que se aprofundam e exercitam essa prática.

Hoje e sempre, os processos de ensino e aprendizagem foram permeados por complexidades e desafios, ainda mais se entendermos que a escola precisa acompanhar as constantes mudanças, os anseios e as inovações da sociedade. As necessidades de adaptações constantes levam-nos também à necessidade de pesquisar, executar e avaliar todo o processo de ensinar e aprender, refletindo sobre a prática pedagógica, mantendo-a sob a lente permanente da teoria que a sustenta e dando-lhe condições de aprendizagens significativas. Em meio a esses desafios, o Projeto Educativo é uma das modalidades organizativas dos processos ensino e aprendizagem que, por sua forma de organização coletiva, melhor flexibilizam os tempos escolares; dá sentido aos conteúdos curriculares, tornando as atividades de pesquisa, leitura e escrita altamente significativas.

Nos Projetos Educativos, o educando é considerado como um ser integral e capaz de acompanhar, atuar e modificar realidades. Pelas experiências, o educando aprende a ser um sujeito de ação e com capacidade de intervir no mundo que o cerca, por meio do desenvolvimento dos aspectos cognitivos, emocionais e sociais, que são tratados de forma igualitária, potencializando uma formação global. Para tanto cabe ao professor descobrir sobre seus educandos: qual a origem dos alunos? Ao que dão valor? O que buscam para a vida? Qual o sentido da vida em comunidade para eles? Aqui, pontuei algumas questões importantes e que considero o grande desafio da educação contemporânea para o alcance de bons resultados. Um trabalho com essa magnitude parece implicar mudanças desafiadoras, porém a educação, a exemplo de toda sociedade que vive em meio a mudanças diárias, não pode estagnar-se e render-se à monotonia e à sedução da lei do menor esforço, pois:

> Três em cada dez jovens e adultos de 15 a 64 anos no País - 29% do total, o equivalente a cerca de 38

> milhões de pessoas - são considerados analfabetos funcionais. Esse grupo têm [sic] muita dificuldade de entender e se expressar por meio de letras e números em situações cotidianas, como fazer contas de uma pequena compra ou identificar as principais informações em um cartaz de vacinação. Há dez anos, a taxa de brasileiros nessa situação está estagnada, como mostram os dados do Indicador do Alfabetismo Funcional (Inaf) 2018. (ESTADÃO CONTEÚDO, 2018, p. 2).

Várias estatísticas como essa anterior, mais recente, bem como outras vêm demonstrando que a educação brasileira convive com muitos problemas. Segundo relatórios da Fiesp (2010), temos mais de 14 milhões de analfabetos funcionais e quase 70% dos educandos em idade escolar mal leem e interpretam. Diante desses dados, questiona-se: como uma educação pode sobreviver dando respostas, em vez de ensinar a fazer perguntas? Como pode planejar para o outro, em vez de planejar com o outro? Como pode planejar com o objetivo de controlar o outro? Realizando provas que não provam nada? Transmitindo conteúdo, algo já comprovado que é impossível de ser feito? Sob esta premissa, o educador Paulo Freire (1996) já nos alertava para a ideia de que ninguém ensina ninguém; aprendemos pela mediação.

Diante do exposto, só uma educação que ama a inovação e não se curva aos desafios contemporâneos pode contribuir com a formação de educandos mais sábios e mais felizes, pois, como diz a velha máxima, "o que não te desafia não te transforma".

Na sequência, relatarei e ilustrarei algumas atividades sequenciadas e projetos exitosos que garantiram desafios, pesquisas e compreensão de contextos e cenários contemporâneos por parte dos educandos e da comunidade escolar, pois trabalhar com boas atividades e com Projetos Educativos desafiadores é estar na busca do máximo do envolvimento de todos que compõem a comunidade escolar. Foram desenvolvidos por meus grupos de educandos do Ensino Fundamental 1.

Projetos Educativos

I. Contrato didático: "um instrumento de criação de diálogos"

TEMPO DE DURAÇÃO: ano letivo

PÚBLICO-ALVO: 1º ao 5º ano

A escola, em todos os níveis, precisa abrir espaços para relações que priorizem a discussão e o diálogo entre professores e alunos. Essas relações educativas precisam ser assentadas no diálogo franco e sincero, na conversa e na discussão aberta, nas quais os alunos possam emitir suas opiniões (BEHRENS, 2007).

Objetivo Geral

- instrumentalizar os alunos para desenvolverem competências para atuar de forma efetiva nas discussões, sugestões e decisões que afetem a organização pedagógica e disciplinar em sala de aula.

Objetivos Específicos

- sensibilizar os educandos para a importância da sua participação na organização e no funcionamento da sala de aula, por meio de sua participação, expondo críticas e sugestões que beneficiem a todos;
- incentivar o hábito da reflexão coletiva quanto à necessidade de se sentir bem em sala de aula e permitir o mesmo aos demais colegas;
- exercitar a cidadania pela produção coletiva de normas e sanções que gerenciam a sala de aula;
- aprender a perceber problemas que atrapalham as aprendizagens buscando soluções para eles;
- desenvolver a autonomia.

Metodologia

- observar durante os primeiros 15 dias de aula como os educandos se comportam no que diz respeito à organização e ao funcionamento em todos os espaços e momentos do cotidiano escolar;
- consultar os pais, por meio de um roteiro orientador, sobre que escola desejam para seus filhos e o que pais e filhos podem contribuir para a construção dessa escola;
- em assembleia, para a ciência dos alunos, apresentar os resultados da pesquisa;
- na mesma assembleia, levantar problemas e causas que dificultam o bem-estar e a aprendizagem de todos;
- levantar possíveis soluções que potencializam o ambiente educativo;
- conceituar e criar regras de convivência;
- conceituar e prever sanções para os que infringirem as regras estabelecidas;
- estimular e direcionar para que as sanções sejam pesquisas educativas a serem apresentadas pelos educandos, bem como ações de colaboração na organização e no funcionamento da escola;
- escrever o Contrato Didático com a participação de todos;
- assinatura de todos, com cópia afixada nas agendas para apreciação, assinatura e conhecimento dos pais/responsáveis;
- sempre que necessário, realizar novas assembleias para ajustes coletivos das regras e sanções, geralmente a cada semestre letivo.

Perspectivas de Aprendizagem

- compreensão dos conceitos de "disciplina, regras e sanções", seus significados e sentidos no espaço escolar;

- percepção de que no espaço escolar todos são responsáveis pela disciplina, organização e aprendizagem;
- identificação do que constrói e do que atrapalha as aprendizagens e convivências;
- capacidade de participar das discussões que necessitam de atitudes coletivas e democráticas;
- entendimento de que as soluções para a indisciplina estão na construção de regras possíveis de serem cumpridas por todos;
- aquisição de confiança e respeito pelas ideias próprias, bem como pelas ideias dos demais colegas;
- capacidade de priorizar a discussão e o diálogo como instrumento de soluções para o bem comum;
- aprender a ser críticos, respeitar as diversas opiniões.

Ao longo de oito anos trabalhando com contratos didáticos, os educandos passaram a apresentar comportamentos como:

- dão sentido/significado aos conceitos de "disciplina, regras e sanções", tão necessário ao bom andamento das aulas;
- identificam dificuldades que atrapalham o bom desempenho de cada um e das relações com todos no ambiente escolar;
- percebem aspectos das regras construídas por eles e que não atendem às necessidades do grupo; e aprendem a reavaliá-las;
- indicam soluções para problemas que surgem ao longo do ano letivo;
- demonstram atitudes de comprometimento ao cumprirem as sanções construídas em assembleias;
- famílias apresentam-se e comprometem-se com o que, por meio da pesquisa inicial, apontam como essencial: oferecer e reivindicar para que a escola cumpra sua função educativa;

- os serviços de Orientação Educacional (OE) têm suas atribuições mais voltadas para trabalhos de orientações coletivas em vez de atendimentos individuais, como é comum acontecer.

Referência Bibliográfica Principal

BEHRENS, Marilda Aparecida. **Paradigma da complexidade metodologia de projeto, contratos didáticos e portfólios.** Petrópolis: Vozes, 2007.

Figura 1 – Assembleia de aprovação do Contrato Didático de 2013, 5º ano

Fonte: a autora

Figuras 2 e 3 – Assinaturas no Contrato Didático de 2015, 3º ano

Fonte: a autora

II. Atividade habitual de leitura pela professora

TEMPO DE DURAÇÃO: ano letivo
PÚBLICO-ALVO: alunos de 1º ao 5º ano

> *Depois de viver muito, e prestar muita atenção na vida e nos vivos, é fácil perceber que as pessoas mais criativas, mais felizes, mais produtivas, mais bem ajustadas ao mundo tiveram uma infância povoada pelos livros.*
> (Ziraldo)

Objetivo Geral

- oportunizar, pela prática habitual de leitura no ambiente escolar, a formação leitora e escritora dos educandos.

Objetivos Específicos

- sensibilizar os educandos para a importância da leitura dentro e fora do contexto escolar;
- incentivar o hábito e a apreciação da leitura promovendo situações enriquecedoras e garantindo espaços para que a leitura e a escrita interajam à rotina das turmas;
- incentivar o gosto pela leitura com base no contato com acervo literário de qualidade;
- proporcionar uma diversidade de gêneros literários.

Metodologia

- apresentação para os educandos de uma proposta de trabalho habitual de leitura;
- discussão sobre interesses dos educandos sobre possíveis literaturas;

- inclusão da atividade habitual de leitura nos planejamentos por meio de situações significativas e diversificadas;
- organização do espaço/tempo para a leitura planejando a participação dos alunos e garantindo sua interação na elaboração de hipóteses e comentários;
- estabelecer as regras/combinados com os alunos para que a leitura possa acontecer de forma produtiva;
- realização de indicações literárias, resumos, ilustrações e críticas das literaturas.

Perspectivas de Aprendizagem

- sequência das narrativas;
- criatividade e imaginação;
- fazer interpretações;
- memorizar aspectos sobre trechos, cenários e personagens;
- fazer relação da história com a própria vida;
- pensar no "conceito" que a história quer trazer: essência, tema, valores...;
- formular opiniões sobre a história;
- aprender a ser críticos e respeitar as diversas opiniões;
- diferenciar linguagem oral e escrita e os diferentes tipos de linguagem (falas das personagens, por exemplo);
- pensar sobre a história que estão lendo, relacioná-la com outros textos...;
- desenvolver expressão verbal;
- ampliar o vocabulário literário;
- ampliar o repertório de textos literários;

- identificar vários autores, seus escritos e contextos inspiradores;
- produzir indicações literárias diversas.

Após longos anos de trabalho, os educandos passaram a apresentar comportamentos leitores, como:

- interesse pela leitura, apreciando ouvir, ler e contar histórias de diversos gêneros literários;
- interagem dando sentido/significados às leituras realizadas pela professora;
- identificam várias histórias de um mesmo autor e de uma coleção;
- percebem aspectos editoriais nos livros, como autor, ilustrador, mensagem, editora...;
- indicam leituras de acordo com suas preferências, tecendo comentários e manifestando suas opiniões e sentimentos sobre elas (anexos com indicações);
- recontam as histórias conhecidas;
- demonstram determinadas atitudes durante a leitura: capacidade de concentração, estabelecimento de relações entre histórias e textos conhecidos, reconhecimento de autores e ilustradores, personagens, cenários...

Referências Bibliográficas

FARIA, Maria Alice. **Como usar a literatura infantil na sala de aula**. São Paulo: Ensino Contexto, 2004.

FREIRE Paulo. **A importância do ato de ler**. São Paulo: Artes Médicas, 1994.

Figura 4 – Socialização e indicação das leituras realizadas nos fins de semana

Figura 5 – Apresentação da literatura levada nos fins de semana

Fonte: a autora

Fonte: a autora

Figura 6 – Momentos de leitura na sala de aula, 2016, 3º ano

Fonte: a autora

Figura 7 – Leitura diária realizada pela professora, 2015, 3º ano

Fonte: a autora

Figura 8 – Indicações literárias do acervo da biblioteca da escola produzidas e ilustradas por meus alunos e socializadas no pátio escolar.

Fonte: a autora

III. Alfabetização Emocional

> *Num certo sentido, temos dois cérebros, duas mentes – e dois tipos diferentes de inteligência: racional e emocional. Nosso desempenho na vida é determinado pelas duas.* – *não é apenas o QI, mas a inteligência emocional também conta.*
> (GOLEMAN, 2001, p. 42).

TEMPO DE DURAÇÃO: ano letivo

PÚBLICO-ALVO: 1º ao 5º ano do Ensino Fundamental 1

Temática e problemática

Os sentimentos mais fortes do homem são a tristeza, a alegria e a raiva. É fundamental saber lidar com eles. As pessoas que sabem controlar suas emoções são aquelas que obtêm mais sucesso na vida, em qualquer tipo de medição: conflito em turma, conflito com aluno, conflito entre profissionais.

Em relação à educação, Goleman (2001) e autores influenciados por ele falam da importância de "educar" as emoções e fazer com que os alunos também se tornem aptos a lidar com frustrações, negociar com outros, reconhecerem as próprias angústias e os próprios medos.

Para que os alunos desenvolvam sua inteligência emocional, uma das premissas básicas é a necessidade de que o professor também desenvolva sua própria inteligência emocional, pois se pode dizer que aquilo que o professor ensina em sua prática docente está embebido por sua própria personalidade. O professor torna-se uma referência para seus alunos na forma pela qual encaminha a resolução de problemas.

A expressão Alfabetização Emocional amplia a visão acerca do que é escola, explicitando-a como um agente da sociedade encarregado de constatar se as crianças estão obtendo as aprendizagens essenciais para a vida. Goleman (2001) defende que, numa época em que um grande número de criança não é capaz de lidar com suas perturbações, de ouvir ou de se concentrar, frear um impulso, sentir-se responsável por seu trabalho ou ligar-se à aprendizagem, qualquer coisa que reforce essas aptidões ajudará na educação delas. Assim, a alfabetização, segundo o autor, aumenta a aptidão da escola para oportunizar tais ensinamentos. E, além dessas vantagens, um projeto de Alfabetização Emocional ajuda as crianças a melhorarem seus desempenhos e seus diversos papéis na própria vida.

Objetivo Geral

- canalizar produtivamente as emoções dos educandos para uma convivência harmoniosa.

Objetivos específicos

- identificar o que são sentimentos e a forma de cada um lidar com eles;
- melhorar no reconhecimento e na designação das próprias emoções;
- entender as causas dos sentimentos;
- diferenciar sentimentos e atos.

Metodologia

Reconhecer a importância da alfabetização emocional, durante o projeto, integrando as demais disciplinas por meio de dinâmicas, vídeos, textos informativos e exercícios práticos sobre:

Autoconhecimento

- gostar de si mesmo;
- conhecer os próprios sentimentos;
- descobrir que cada um vale tanto quanto imagina valer;
- aprender a cultivar sua força de vontade;
- acreditar em sua singularidade (somos ÚNICOS);

- mostrar-se receptivo a novas formas e jeitos de ser;
- exercitar o respeito e exigir respeito;
- aprender a elogiar sempre com muita sinceridade;
- ter sempre um projeto ao alcance das mãos;
- ser persistente;
- aprender a pensar certo;
- aprender a dividir e oferecer-se para ajudar.

Perspectivas de Aprendizagem

- melhorar a tolerância às frustrações;
- maior controle da raiva;
- diminuir ofensas verbais e brigas nos períodos de aula e recreios;
- expressar com objetividade sentimentos de alegria, tristeza e raiva;
- demonstrar sentimentos positivos sobre si mesmo, sobre a família e escola;
- lidar tranquilamente com situações que possam ter gerado tensão e ansiedade;
- ampliar capacidade de concentração e realização das tarefas que exijam raciocínio, foco e rapidez;
- diminuir a impulsividade e aumentar o autocontrole;
- adotar a capacidade de perceber a perspectiva do outro;
- melhorar a escuta da fala do outro;
- partilhar, ser prestativo, amistoso e empático com/nos relacionamentos;

- ser mais democrático na resolução de problemas, negociando os desacordos.

Sugestões de atividades para serem desenvolvidas ao longo do ano integradas às demais áreas

a. **Professor**: introdução ao trabalho, para deixar claro aos educandos que a proposta vai se estender ao longo do ano e que todas as atividades têm como objetivo tornarmo-nos cada vez melhores;

b. **O círculo de debates**: sensibilização e conhecimento. Perceber as crenças e os valores. Escrever num papel sobre de que gostam, de que não gostam e o que gostariam de ter e não têm. Abrir um grande círculo e discutir temas como: Quem sou eu? Coisas de que gosto e não gosto em mim. Coisas de que gosto e não gosto nos outros. Coisas que faço e que deixam outras pessoas felizes. Coisas que faço e que entristecem outras pessoas. As qualidades que admiro em outras pessoas. Coisas que causam minha insegurança. O que é certo para os outros e errado para mim? O que é liberdade. Quem é livre?

c. **Painel de fotos**: trabalhar os diferentes sentimentos; recortar figuras de revistas e que representam Tristeza/Mágoa; Raiva/Ira; Felicidade/Alegria; Ansiedade/Medo; Amor/Amizade; Vergonha/Culpa; Aversão/Antipatia; e discutir os sentimentos;

d. **Dramatizações**: recurso para a administração das emoções. Um texto dramático será apresentado e posteriormente discutido sobre as ações dos personagens e como estes deveriam ter agido para que a história não tivesse a conotação de drama. Casos podem ser relatados para serem debatidos. É válido lembrar que esta atividade, como as demais, pode ter como tema assuntos do cotidiano, o que ajudaria na reflexão dos problemas que ocorrem no dia a dia;

e. **Opções de valores**: administração de emoções. Será entregue aos alunos uma lista de questões para serem assinaladas como: 1ª. opções menos significativas; 2ª. razoavelmente significativas; e 3ª. a que expressar sua mais ampla convicção;

f. **Rótulos com nomes e relatórios**: discutir a ideia de "rotular" as pessoas. Dividir a turma em grupos de três. Dar a um dos membros do grupo uma característica como: Chata, Bonequinha, CDF. Propor um assunto atual. A pessoa terá de representar o rótulo dado a ela. Abrir um círculo para debates destacando a estratégia e a relação ao comportamento ético de cada um. São discussões que devem ser importantes "ferramentas" para a análise dos problemas cotidianos gerados pelo uso de rótulos, na escola, na família e na relação intrapessoal;

g. **Painel de relacionamentos**: contribui para o resgate da afetividade e para a automotivação. Em duplas: apresentar-se ao colega respondendo quando fica feliz, quando toma uma iniciativa pensando que será bem-sucedido; citar algo que o reconheça que é bom, um sonho que pretende conquistar e uma pessoa que admira. Depois, unir uma dupla a outra, repetindo o modo de apresentação entre as duplas. Só então fazer um desenho sobre o padrão de automotivação dos quartetos e fazer um discurso num grupão destacando a automotivação de cada grupo;

h. **Quem conta um conto**: demonstrar a fragilidade da comunicação. Pedir para dois educandos se ausentarem da sala. Ler para os demais uma história. Chamar um dos colegas que estiver fora de sala e pedir para que alguém conte a eles a história lida dentro da sala. Pedir à pessoa que foi chamada e que acabou de ouvir a história que a conte para o outro ausente. Perceba que a história sofrerá alterações, distanciando-se do original, com acréscimos de fatos, omissão de outros e mudança de seu roteiro básico.

Avaliação

A avaliação, organizada por meio de um roteiro de observação individual e do grupo sobre o desempenho diante das atividades propostas, deve compor um relatório estabelecido sob alguns parâmetros sobre as atitudes e habilidades que os alunos e o grupo vão adquirindo.

Principais referências bibliográficas utilizadas nos projeto

CHABOT, Michel. **Pedagogia emocional - sentir para aprender**. São Paulo: Sá Editora, 2005.

GOLEMAN, Daniel. **Inteligência emocional**. A teoria revolucionária que define o que é ser inteligente. Rio de Janeiro: Objetiva, 2001. Originalmente publicada em 1995.

IV. Quem canta seus males espanta

> A música é um elemento da formação do ser humano desde a sua origem e como tal deve ser acessível a todas as camadas sociais, de maneira democrática e independente de uma pessoa estudar em uma escola pública ou particular.
> (FIGUEIREDO, 2011)

TEMPO DE DURAÇÃO: ano letivo
PÚBLICO-ALVO: 1º ao 5º ano

Temática e problemática

A atividade musical na escola justifica-se porque a música independente das aptidões infantis, oferece a oportunidade de a criança lidar com a audição, a expressão rítmica e melódica, a sensorialidade, a emotividade, a inteligência ordenadora e a criatividade.

A música contribui para a formação integral do indivíduo, reverencia os valores culturais, difunde o senso estético, promove a sociabilidade e a expressividade, introduz o sentido de parceria e cooperação, e auxilia no desenvolvimento motor, pois trabalha com a sincronia de movimento, explica Sonia Regina Albano de Lima, diretora regional da Associação Brasileira de Ensino Musical (Abem) e diretora dos cursos de graduação e pós-graduação lato sensu em Música e Educação Musical da Faculdade de Música Carlos Gomes (FMCG), o trabalho com música desenvolve as habilidades físico-cinestésica, espacial, lógico-matemática, verbal e musical. Segundo (FARIA, 2001, p. 24),

> A música como sempre esteve presente na vida dos seres humanos, ela também sempre está presente na escola para dar vida ao ambiente escolar e favorecer a socialização dos alunos, além de despertar neles o senso de criação e recreação.

Escolas públicas e privadas de todo o Brasil tiveram até 2011 para incluir o ensino de Música em sua grade curricular. A exigência surgiu com a Lei nº 11.769, sancionada em 18 de agosto de 2008, que determina que a música deva ser conteúdo obrigatório em toda a educação básica.

Com base nesses elementos anteriormente elencados e pela percepção da grande carência do trabalho com musicalidade na escola de forma geral, este projeto musical vem sendo realizado com as crianças do 5º ano AM e CV do Centro Educacional Vereador Santa de Balneário Camboriú e tem como temática **QUEM CANTA SEUS MALES ESPANTA**.

Objetivo Geral

- difundir a música no ambiente escolar como instrumento de alegria, cultura e aprendizagem.

Objetivos Específicos

- ampliar o repertório musical das crianças incentivando a prática do canto;
- oportunizar a apreciação da boa música brasileira.

Metodologia

A cada 15 dias, apresentada às crianças a letra de uma música com as devidas informações a respeito de autoria, intérprete e contexto que a inspirou. Entre os artistas mais cantados estão: Milton Nascimento, Marisa Monte, Tom Jobim, Arnaldo Antunes, Adriana Calcanhoto, Lenine, Charlie Brown Jr., Grupo Expresso Rural, Tribalistas e outros.

Após a leitura, todas as possibilidades quanto ao conteúdo da letra são exploradas. A seguir, ouve-se a música para aprender a melodia, apreciar arranjos decodificando instrumentos, ritmos e estilo musical. Se restarem dúvidas, estas são sanadas com base em uma pesquisa mais apurada.

As músicas são cantadas ao longo do ano letivo, quase que diariamente, com manifestações livres das crianças por meio de palmas, movimentos corporais e interpretação sonora (assobios, articulações vocais e outros).

Durante os recreios da escola, vídeos das músicas cantadas na sala são dispostos no pátio por meio de TV.

Aprendizagens identificadas ao longo do projeto

- as crianças passaram a interessar-se pela música popular brasileira, apreciando, ouvindo e cantando com muita alegria;
- buscaram os sentidos/significados das letras pesquisando a história dos compositores e os contextos em que as músicas foram produzidas;
- identificaram melhor os estilos e os gêneros musicais;
- perceberam instrumentos e arranjos utilizados na sonorização das músicas;
- indicaram músicas de suas preferências argumentando sobre a importância de cantá-las e manifestando suas opiniões e seus sentimentos sobre as músicas;
- demonstraram determinadas atitudes durante os momentos de canto, como: expressões de alegria, tristeza, capacidade de ouvir para aprender novos ritmos, dificuldades de acompanhar batendo palmas, expressões corporais e outras.

Referências utilizadas no desenvolvimento do projeto

FEMUSC. [S. l.], [2022]. Disponível em: www.femusc.com.br. Acesso em: 26 maio 2022.

KRZESONKI, M. T. S.; CAMPOS, S. S. A importância da linguagem musical para a aprendizagem da criança. **Revista de divulgação técnico-científico do ICPG**, [s. l.], v. 2, n. 8, 2006.

FARIA, Márcia Nunes. **A música, fator importante na aprendizagem**. Assis chateaubriand – Pr, 2001. 40f. Monografia (Especialização em Psicopedagogia) – Centro Técnico-Educacional Superior do Oeste Paranaense – CTESOP/CAEDRHS.

V. Como salvar o planeta Terra?

TEMPO DE DURAÇÃO: ano letivo

PÚBLICO-ALVO: alunos do Ensino Fundamental I

"Tão importante quanto semear flores é semear ideias. Fale com outras pessoas sobre a importância de cuidar do planeta. Você contribuirá para o florescimento de uma ótima causa." (https://www.frazes.com.br/frase/4857/, acesso em 15 jul. 2022)

A escola, no trabalho com a formação integral dos educandos, tem grande responsabilidade nas questões que dizem respeito à educação para a sustentabilidade e aos temas ambientais, que, se não trabalhados, comprometem a qualidade de vida do ser humano no planeta Terra.

Uma capacidade importante a ser desenvolvida nos alunos é a de, ao observar determinado fenômeno, perceber nele relações e fluxos, no espaço e no tempo (PCNs, 2001, p. 44).

"O termo meio ambiente tem sido utilizado para indicar espaço em que um ser vive e se desenvolve, trocando energia e interagindo com ele, sendo transformado e transformando-o" (BRASIL, 2000, p. 31). Ao pensarmos em meio ambiente, segundo o documento acima citado, percebe-se a necessidade de despertarmos para uma visão ampla e que:

> A questão ambiental, no ensino de primeiro grau, centra-se principalmente no desenvolvimento de valores, atitudes e posturas éticas, e no domínio de procedimentos, mais do que na aprendizagem de conceitos, uma vez que vários dos conceitos em que o professor se baseará para tratar dos assuntos ambientais pertencem às áreas disciplinares. (PCNs, 2001, p. 43)

Um país insustentável é aquele que utiliza os recursos ambientais para fazer girar a sua economia e não oferece tempo suficiente para a natureza se recompor e, assim, fornecer novos recursos no futuro.

Já um país sustentável é aquele que conta com inúmeras atitudes sustentáveis, as quais geram mais tempo para a recuperação dos recursos naturais; é aquele que emprega energias limpas e renováveis, como a solar, a eólica, a hidráulica, entre outras que poluem menos que os combustíveis fósseis, não renováveis.

Em 1991, o Programa das Nações Unidas para o Meio Ambiente (BRASIL, 2001, v. 9, p. 39-42) propôs nove princípios interligados para manter uma sociedade sustentável, que são:

1. Respeitar e cuidar da comunidade dos seres vivos (princípio fundamental);

2. Melhorar a qualidade de vida humana (critério de sustentabilidade);

3. Conservar a vitalidade e a diversidade do planeta Terra (critério de sustentabilidade);

4. Minimizar o esgotamento de recursos não renováveis (critério de sustentabilidade);

5. Permanecer nos limites de capacidade de suporte do planeta Terra (critério de sustentabilidade);

6. Modificar atitudes e práticas pessoais (meio para chegar à sustentabilidade);

7. Permitir que as comunidades cuidem de seu próprio ambiente (meio para se chegar à sustentabilidade);

8. Gerar uma estrutura nacional para a integração, o desenvolvimento e a conservação (meio para se chegar à sustentabilidade);

9. Constituir uma aliança global (meio para se chegar à sustentabilidade).

Com esses critérios e meios, acredita-se que é possível pensar em desenvolvimento sustentável.

Para que isso se concretize, é necessário que haja uma nova reformulação na educação, dando não somente informações dos ambientes físicos e biológicos, mas também sobre o meio ambiente sociocultural e o desenvolvimento humano, buscando assim uma melhora na qualidade de vida dos indivíduos (SATO; SANTOS, 2003).

Com base nessas perspectivas propositivas, a escola precisa planejar situações didáticas que desenvolvam nos educandos e na comunidade escolar conhecimentos, habilidades e atitudes voltadas para a preservação do meio ambiente.

Com essas iniciativas da escola envolvendo toda a comunidade escolar, poderemos vislumbrar outras ações acontecendo nas empresas, nas repartições públicas, nas ONGs, entre outros lugares.

A educação ambiental deve/precisa estar presente em todos os níveis educacionais, com o objetivo de atingir todos os alunos em fase escolar, bem como empresas, ONGs e setores públicos.

Os professores podem/devem desenvolver projetos ambientais e trabalhar com conceitos e conhecimentos voltados para a preservação ambiental e o uso sustentável dos recursos naturais. Nesta perspectiva, a cada ano escolar, como professora, com outros professores parceiros (de Ciências, Arte, Educação Física), lançamos o desafio COMO SALVAR O PLANETA TERRA?

Ousado, né? Porém, crianças gostam e encantam-se com a ideia de serem salvadores, heróis, enfim, de se responsabilizarem pelo presente e futuro do planeta Terra. Com essa pergunta - Como salvar o planeta Terra? -, muitas sugestões de salvamento aparecem e, com isso, proposições de pesquisa e estudos para uma maior efetivação do planejamento de como salvar o planeta.

O papel da educação para uma educação ambiental e sustentabilidade é promover a interação socioambiental numa constante sensibilização e conscientização dos valores éticos e estéticos ligados ao meio ambiente.

Objetivo Geral

- propiciar momentos de reflexões que sensibilizem os educandos a buscarem qualidade de vida por meio da educação para com o meio ambiente e a sustentabilidade.

Objetivos Específicos

- oportunizar diariamente práticas de sensibilização à formação de educandos mais conscientes no uso dos recursos naturais e na reutilização dos materiais recicláveis;
- incentivar o gosto pela leitura de textos científicos sobre a conservação e preservação ambiental;
- sensibilizar os educandos para a importância de pequenas ações em prol do meio ambiente;
- incentivar o hábito de pequenas economias domésticas promovendo reflexões acerca dos grandes resultados;
- produzir painel com compromissos individuais e coletivos com o meio ambiente;
- construir brinquedos e jogos usando materiais recicláveis;
- socializar conhecimentos e produções com a comunidade escolar.

Metodologia

- apresentação para os educandos de uma proposta de trabalho continuada sobre a necessidade de cuidados e preservação do meio ambiente;
- discussão sobre interesses dos educandos quanto a pesquisas e trabalhos a serem realizados ao longo do projeto;
- organização dos materiais informativos (textos) sobre a necessidade de preservar, conservar e reutilizar os materiais recicláveis;
- estabelecimento de regras e combinados com os educandos para que, de forma produtiva, criem compromissos de economia e avaliem resultados;
- construção de tabelas, brinquedos, jogos e sugestões de economia para serem utilizados e socializados com a comunidade escolar;

- produção de uma carta ao secretário do Meio Ambiente do município questionando-o sobre como o município vai lidar com a legislação que prevê a logística reversa dos resíduos sólidos pelas empresas e outros questionamentos pertinentes.

Perspectivas de Aprendizagens

Espera-se que os educandos demonstrem:

- gosto pela leitura de textos científicos e legislação sobre a conservação e preservação ambiental;
- maior sensibilidade com base em pequenas ações em prol do meio ambiente;
- assumir compromissos individuais e coletivos com o meio ambiente;
- capacidade de desenvolver o hábito de pequenas economias domésticas e avaliar os resultados;
- aprender a reutilizar materiais recicláveis e construir brinquedos e jogos;
- condições de socializar conhecimentos adquiridos ao longo do projeto;
- aprender a questionar as autoridades competentes sobre os compromissos e as políticas públicas nas questões ambientais.

Referências bibliográficas

BRASIL. PARÂMETROS CURRICULARES NACIONAIS - PCN: Meio Ambiente e Saúde. Ministério da Educação. Secretaria da Educação Fundamental. 3a. ed. Brasília, 2001.

SATO, Michèle; SANTOS, José Eduardo. Tendências nas pesquisas em educação ambiental. *In:* NOAL, F.; BARCELOS, V.; REIGOTA, M. (org.). *Construindo a Educação Ambiental.* Santa Cruz do Sul: EDUNISC, 2003.

Figura 9 – Parceria com a professora Ivanete Guth do laboratório de ciências

Figura 10 – Pesquisa sobre atividades diárias e consumo humano

Fonte: a autora

Fonte: a autora

Figura 11 – Estudos de observação do solo e registros sobre a interdependência na natureza

Figura 12 – Produção de um terrário para compreensão da interdependência na natureza

Fonte: a autora

Fonte: a autora

Atividades Sequenciadas

I. Todos somos mágicos: basta treinar e a mágica acontecerá

De posse do livro *Abracadabra Truques de Mágica*, de uma cartola e de uma capa de mágico adquiridos pela professora, todo fim de semana uma criança os levava para casa e, com a família, estudava e treinava uma mágica para no início da semana seguinte realizar a mágica na sala de aula. Ao grupo cabia assistir, aplaudir e não tentar adivinhar como tudo aconteceu, pois, quando levasse o livro, poderia pesquisar e ver como aconteceu.

Com essa atividade, tivemos como objetivos de aprendizagens:

- desenvolver a importância de se perceberem capazes de estudar, interpretar, aprender, treinar e fazer acontecer à mágica;
- experimentar os dois papéis, o de espectador c o de ator;
- dramatizar o papel de mágico;
- planejar a ação mágica;
- encantar-se com o lúdico que as mágicas oferecem;
- identificar suas capacidades de atenção e criatividade;
- demonstrar agilidade, habilidade motora, memória e imaginação, decifração de enigmas.

Entre outros objetivos, essa atividade foi recheada de muita alegria e emoção, pois todos conseguiam realizar a sua mágica (fotos nos anexos).

Figura 13 – Experimentando ser mágico I

Fonte: a autora

Figura 14 – Experimentando ser mágico II mágico III

Fonte: a autora

II. Carta dos pais/das mães para comemoração do Dia dos Pais/Dia das Mães

Dentro de um envelope, com um papel de carta bem bonito, seguia o enunciado a seguir, descrito para pais e mães, no mês de comemoração do dia deles. Após escreverem, os pais devolviam o envelope para as crianças levarem para a sala de aula; e, numa roda de leitura, cada criança lia a carta a ela endereçada. Momentos de grandes e fortes emoções, e sensibilização das crianças da importância dos pais e das mães na nossa vida. Chorávamos e ríamos juntos, diante dos relatos inéditos ali socializados.

Figura 16 – Momento da leitura das cartas recebidas

Figura 17 – Momento da leitura das cartas recebidas II

Fonte: a autora   Fonte: a autora

TAREFA PARA AS MÃES
NESTE MÊS DEDICADO ÀS MÃES, PRECISAMOS SENSIBILIZAR NOSSAS CRIANÇAS DA IMPORTÂNCIA DE UMA MÃE. POR ISSO, CONVIDO-A A ESCREVER UMA CARTA PARA SEU(SUA) FILHO(A) DIZENDO: **O QUE MUDOU DESDE QUE VOCÊ SE TORNOU MÃE? QUE NOVOS SENTIDOS TEVE SUA VIDA APÓS O NASCIMENTO DE SEUS/SUAS FILHOS(AS)?**
FAREMOS UMA RODA DE LEITURA. CONVERSAREMOS SOBRE QUANTO UMA MÃE, PELOS SEUS

FILHOS, MUDA, SE SACRIFICA, SE DEDICA, SE DESDOBRA... PARA, COM MUITO AMOR, CRIAR OS QUE SE TORNAM SUA RAZÃO DE EXISTIR. AGUARDAMOS SUAS CARTAS, QUE RETORNARÃO LOGO APÓS A LEITURA COMO PRESENTE PARA SEUS FILHOS.

OBSERVAÇÕES

Sabemos que nem todos convivem com sua mãe biológica, então mãe também é aquela que cria, que educa, que dá o sustento necessário... Tem até pai que é mãe. Se for esse o seu caso, não deixe de escrever essa experiência: também será lida e valorizada.

Seus filhos estão consolidando o processo de alfabetização, por isso sugiro que a carta seja escrita com letras em caixa alta, para facilitar a leitura e a compreensão.

OBRIGADA,
Prof.ª NILZETE.

Figura 18 – Momento da leitura das cartas recebidas III

Fonte: a autora

TAREFA PARA OS PAIS

Os filhos, quando percebem que seus pais são um exemplo, com certeza isso será uma referência na vida deles. Tudo que fazemos e desejamos aos nossos filhos será a luz que os iluminará.

NESTE MÊS DE AGOSTO, DEDICADO AOS PAIS, PRECISAMOS SENSIBILIZAR NOSSAS CRIANÇAS DA IMPORTÂNCIA DE UMA PAI COMO REFE-

RÊNCIA E BENÇÃO NA VIDA DOS FILHOS E DA FAMÍLIA. POR ISSO, CONVIDO-O A ESCREVER UMA CARTA PARA SEU(SUA) FILHO(A) DIZENDO: **O QUE DESEJO QUE MEU/MINHA FILHO(A) ALCANCE NO FUTURO.**

FAREMOS UMA RODA DE CONVERSA, E AS CRIANÇAS LERÃO AS CARTAS. CONVERSAREMOS SOBRE QUANTO UM PAI DESEJA QUE SEUS FILHOS CRESÇAM EM TAMANHO, SABEDORIA, REALIZAÇÃO PESSOAL E PROFISSIONAL. AGUARDAMOS SUAS CARTAS, QUE RETORNARÃO LOGO APÓS A LEITURA COMO UM PRESENTE E ESTÍMULO SEU PARA O FUTURO DOS SEUS/SUAS FILHOS.

OBSERVAÇÕES

Sabemos que nem todos convivem com seu pai biológico. Pai adotivo, avô, avó, mãe... também fazem, muitas vezes, papel de pai, educam e dão o sustento necessário. Se for esse o seu caso, não deixe de escrever esse desejo para seu(sua) filho(a).

Seus filhos estão consolidando o processo de alfabetização, por isso sugiro que a carta seja escrita com letras em caixa alta, para facilitar a leitura e a compreensão.

OBRIGADA,
Prof.ª NILZETE.

Figura 19 – Momento da leitura das cartas recebidas IV

Fonte: a autora

Oficinas de Arte

Trabalhava, pelo menos, com umas cinco oficinas de arte por ano, além das aulas semanais de arte, com todo o conteúdo curricular do ano em estudo. Sempre fui encantada pela arte, e penso que por ela trabalhamos todo desenvolvimento da nossa sensibilidade, criatividade, paciência (algo tão esquecido nos dias de hoje), e, principalmente, o prazer da produção autoral.

Justamente com o objetivo de levar os educandos a desenvolverem a sensibilidade, percepção, criatividade, autoestima, concentração e capacidade de transformação, eu apresentava a arte plástica como um caminho.

Em parceria com a professora Ita Márcia, que se intitulava uma "arteira", planejávamos e juntas apreciamos as maravilhas produzidas pelas crianças.

A metodologia consistia em trabalhar técnicas de dobradura, pintura, modelagem, recorte, releitura e produção de arte para o Dia dos Pais, das Mães, da Criança, Páscoa, primavera e outras temáticas que davam suporte para a inspiração e dedicação de cada criança no fazer artístico.

Todo um cenário e materiais eram colocados à disposição das crianças para que sua capacidade criativa fosse desenvolvida.

Conforme imagens colocadas, percebe-se o quanto cada criança se sentia desafiada, e os resultados eram de um verdadeiro artista.

O contato com a arte favorece o desenvolvimento da autoestima e da autoconfiança, o que é muito importante para a formação do conhecimento. Integrada à produção e ao aprendizado artístico, a criança começa a falar sobre suas descobertas e passa a ser ouvida pelo grupo, o que é fundamental para sua socialização e definição da sua personalidade. (http://pepsic.bvsalud.org. Acesso em: 05/08/2020).

Nas oficinas, trabalhamos com crianças, e, ao longo das oficinas, percebemos a coragem de ousar, a melhora na autoconfiança, a demonstração de prazer pelo resultado alcançado, a maior capacidade de concentração: consequentemente, as crianças estavam mais seguras.

Certo dia, um menino que foi desafiado a criar, com linhas coloridas e com base em algumas referências, um quadro de flores para o Dia das Mães disse: "Não vou dar conta". Mais tarde, ao realizar lindamente seu quadro, depois contemplando e vivendo uma experiência estética única, falou: "Consegui porque lembrei da minha mãe recebendo e me elogiando". Sorrindo, disse-me ainda: "Eu estou alegre e feliz". Comentei com a mãe como o Mateus se empenhou; e ela, chorando, abraçou-o e agradeceu imensamente.

Para que os objetivos nas oficinas de arte sejam alcançados, é imprescindível que as crianças tenham referências (modelos) da arte a ser produzidas à sua disposição, motivação e sentido para a produção. A criatividade será uma consequência. Nenhuma fica igual; cada uma terá a marca de cada criança, pelo simples prazer de fazer. Também é importante uma exposição no fim dos trabalhos, para que percebam que são únicos e que sua arte é valorizada por cada apreciador. Aprendem também a valorizar e reconhecer a capacidade dos colegas.

Figura 20 – Oficina de arte – Tema Primavera

Fonte: a autora

Figura 21 – Oficina de Arte – Tema Festas Juninas

Figura 22- Oficina de arte – Tema Dia das Mães

Fonte: a autora

Fonte: a autora

Figura 23 – Oficina de Arte- Tema Dia dos Pais

Figura 24 – Oficina d eArte – Tema Olimpíadas

Fonte: a autora

Fonte: a autora

Sobre as diversas práticas de ensino acima relatadas

Outros projetos e atividades poderiam aqui ser socializados, mas teremos outras edições; e, assim, outras práticas de modalidade organizativa de aprendizagem, como Projetos Educativos, Atividades Habituais, Sequências Didáticas e Atividades de Sistematização, serão socializadas.

As diversas práticas pedagógicas são situações propostas regularmente, sempre acompanhadas de uma intencionalidade pedagógica e um cumprimento do currículo escolar, conforme sugerem as diretrizes educacionais e as teorias de ensino e aprendizagem.

Entre tantas práticas desenvolvidas em sala, já relatadas aqui, ainda sugiro, pois as realizei e sempre obtive bastante interesse das crianças são: leituras compartilhadas de diversas literaturas lidas pela professora, algumas mais longas e lidas capítulo à capitulo; literatura infantil; roda de notícias — em que cada um relate uma notícia e reflexões sejam feitas sobre ela —; momento da ciência - quando as crianças apresentem avanços da ciência que descobriram por meio de investigação com a família em fontes confiáveis —; memorização de poesias/poemas seguida de sarau para a declamação dos mesmos; hora da cultura musical — em que crianças mostrem suas habilidades com algum instrumento musical e/ou cantando para o grupo -.

Uma vez por semana, professor e alunos podem trazer para a sala de aula jornais e revistas semanais/mensais, ler e comentar as notícias. Assim, aprendem sobre os cadernos que compõem um jornal ou uma revista e, ao mesmo tempo, adquirem capacidade crítica dos temas atuais desses meios de comunicação, bem como percebem a importância do marketing na/para divulgação desses meios de disseminação da informação.

> [...] os homens não nascem humanos, mas humanizam-se por apropriação da cultura [...] cada indivíduo aprende a ser um homem. O que a natureza lhe dá não basta para viver em sociedade. É-lhe ainda preciso adquirir o que foi alcançado no decurso do desenvolvimento histórico da sociedade humana. (LEONTIEV, 2004, p. 267).

4 – MEMÓRIAS DAQUELES COM QUEM CONVIVI E MUITO APRENDI

> *A memória é um elemento central na formação da identidade, capaz de conduzir elementos para a construção da felicidade. O ser humano cria significados para as ações do cotidiano e acumula experiências para utilizá-las durante a vida.*
> *(http://www.ppgeduc.uemg.br/. Acesso em: 25 set. 2021)*

Existe coisa mais agradável do que termos uma boa memória daqueles com quem convivemos? Melhor que uma boa memória é a presença daqueles que nos deixam ótimas memórias.

Segundo Vigotski (2007), a memória desenvolve-se com a percepção, que durante a infância, em sua fase inicial, torna-se uma das funções psicológicas centrais, pois em torno dela são formadas as demais funções psicológicas superiores, tão importantes para o desenvolvimento pleno do ser humano. Por isso, neste capítulo resgato algumas delas, por meio das pessoas com quem convivi como aluna, professora, colega de trabalho, enfim, pessoas que ampliaram minha percepção sobre o ato de educar.

A memória ocupa importante papel na construção da felicidade ou da infelicidade humana. Muitos estudos sobre as memórias e os fortes impactos emocionais destas sobre os indivíduos vêm sendo realizados, pois apresentam-se como um fator de relevância na existência humana.

Na construção da felicidade, a memória afetiva positiva é um elemento central na formação da identidade, capaz de conduzir a práticas cada vez mais exitosas. Ao darmos sentidos para as ações do cotidiano e ao acumularmos experiências positivas, estamos produzindo, pela memória, energia para uma vida mais significativa e propositiva.

Para os educandos, as memórias afetivas contribuem, e muito, nos seus processos de aprendizagem, pois, enquanto seres humanos, somos sensibilizados pelas emoções. E aqui, para além da ciência, que já confirma tal efeito, relembro a poetisa Cora Coralina, que diz: "Não sei... se a vida é curta ou longa demais para nós. Mas sei que nada do que vivemos tem sentido, se não tocarmos o coração das pessoas".

Tanto para professores quanto para educandos e comunidade escolar, as memórias e seus registros vão se tornando parâmetros para a transmissão entre gerações dos valores concretos construídos nos processos de interação afetiva entre estes.

Com isso, pode-se considerar que nossa vida adquire importância memorável, no momento que damos sentidos e significados ao desenvolvimento das relações e dos afetos, não importando a natureza dessa relação; sendo positivas e afetivas, afetam-nos e geram felicidade e conforto existencial. O contrário também pode acontecer, gerando fortes impactos emocionais que bloqueiam a conexão para a aprendizagem e o desenvolvimento humano.

Nóvoa, um dos educadores e pesquisadores que mais investigam a vida dos professores, em suas pesquisas, resgata as memórias e por elas o reconhecimento científico de quanto estas contribuem tanto para a valorização pessoal quanto para o avanço das práticas pedagógicas, quando são refletidas à luz da ciência.

Assim, quando fiz o mestrado, não tinha outra ideia que não fosse pesquisar as memórias de formação de dez professoras de sucesso da rede de ensino de Balneário Camboriú sobre suas trajetórias de formação e realização profissional. Momento esse que descrevi no capítulo da trajetória da minha formação.

Por essas afirmações e outros estudos sobre a importância da memória nos processos de constituição humana, as memórias do percurso da minha vida de professora, ao longo de mais de três décadas, todo o meu otimismo, as perspectivas positivas a cada novo desafio e a possibilidade na área da educação fazem-me acreditar que educação é uma tarefa para aqueles que se dispõem a refletir sobre as práticas realizadas e o que ainda é possível.

Todos aqueles que comigo conviveram — professores, especialistas, servidores da educação, pais, crianças, acadêmicas — muito contribuíram para a formação plural da professora Nilzete.

Muitos poderiam aqui ter seus relatos de parceria na educação, mas temos limitação, incluindo a de páginas. Os que aqui estão representam os tantos que comigo conviveram, trabalharam, se desafiaram, e por isso minha homenagem por meio destes, representando os demais que, assim como eu, têm felizes memórias para compartilhar.

4.1 COMO FOI SER PROFESSORA DA FUTURA PROFESSORA: relatos de alguns dos professores que muito me inspiraram

João Luiz Garcia: professor de Psicologia do magistério

> *Só a Psicologia é capaz de dar uma resposta à palavra **GRATIDÃO**.*
>
> *Embora ela seja uma das ciências do comportamento humano, não percebo nelas a magnitude que a psicologia atribui.*
>
> *Em nome dela, **GRATIDÃO**, fiquei muito feliz, grato, por ser lembrado por uma ex-aluna. Posso garantir a alegria quando somos lembrados, por A ou B motivos que a influenciaram a seguir esta carreira tão linda e importante de ser **EDUCADOR**.*
>
> *Sou João Luiz Garcia, que, saindo do Zezão (José Arantes), fui parar no seminário de Azambuja (8 anos) e em seguida fui fazer Filosofia Pura na Universidade Católica do Paraná. Uma das disciplinas que, durante os quatro anos do curso, era obrigatória chamava-se Psicologia.*
>
> *Devido a problemas de saúde, tive que largar a Teologia e vim parar em Luiz Alves. O pároco local queria montar uma equipe de professores para instalar o curso do segundo grau. Lá permaneci por dois anos.*
>
> *Quando o diretor do então Colégio Agrícola de Camboriú soube que andava por aqui, foi até meu saudoso pai para segurar-me. Precisava de um professor que lecionasse OSPB e Educação Moral e Cívica, e lá continuei até 1995, quando me aposentei.*
>
> *Como a noite ficava livre, percebia com tristeza que muitos jovens, pessoas de minha idade, ficavam à toa na praça até 21h, 22h. Resolvi então abrir o José Arantes e convidei alguns professores para estimular estes jovens e algumas*

pessoas para fazer o Mobral (Supletivo). Dos 101 alunos que compareceram, uns 25 chegaram a cursar a Fepevi (Univali). Dois deles vieram trabalhar comigo, um no Colégio Agrícola e outro no José Arantes.

Os diretores na época caçavam professores que tivessem o registro no MEC. Passei pelo Salesiano, pelo Nilton Kucker e pelo Colégio Morisco, onde havia o curso para normalista. Lá fui lecionar Didática.

Para minha surpresa, lá estava minha primeira professora, dona Eli Linhares. Nas reuniões de professores estimulava as professoras que tinham apenas o complementar: "Vamos estudar! Vamos fazer um normal! Vocês se aposentarão com um salário melhor!"

Minha carreira como professor, 27 anos, foi interrompida devido à saúde! Mas, brincando, costumo dizer: "Venci! Mesmo sendo professor!".

Hoje, não sei explicar como achava tempo para fazer tantas coisas! Até para brincar de fazer Ciências Sociais na antiga Fepevi consegui tempo.

Cabe uma observação. Não era bem-visto ou bem quisto pelos tais supervisores. Até às minhas aulas vinham assistir. Bati de frente com alguns. Chegavam a dizer que pais iam reclamar que minhas aulas eram muito elevadas, ou seja, para o grau universitário.

*Com relação aos alunos, alunas, muitos são lembrados e recordados com facilidade. Pelos idos de 85, 87, uma menina ativa e líder marcou aquela turma. Nilzete era seu nome. Como gostava de alunos ativos e que gostavam de estudar, a tua marca ou o teu sentido para mim foi este: **gosto pelo estudo**. Não vem na memória do velho professor fato que possa relacionar com a aluna Nilzete. Como disse antes, **"gostava de estudar"**. Ficava ansiosa quando não conseguia entender certas colocações que eram feitas por mim ou pelo autor do livro didático. Não importa. O importante é que realizas o sonho de quem quer ser educador. Parabéns pelo teu trabalho como educadora. Sei que lecionas na universidade. Quando tiveres realizado teus sonhos e depois de 26 anos de aposentadoria, tenho certeza que dirás: "Venci, mesmo sendo professora!"*

Abraço do professor João Luiz.
Camboriú, julho de 2020

Ondina Fiamocini Garcia: professora de Matemática do antigo ginásio

Sinto-me alegre em poder me identificar e narrar algo a respeito da minha profissão/missão, EDUCADORA, e de falar da inesquecível aluna Nilzete Teixeira.

Eu, Ondina Isabel Fiamoncini Garcia, professora com licenciatura em Matemática pela Furb em 1972, iniciei minha carreira em 1965 e até 1968 atuei como professora substituta nos colégios: Victor Meirelles, Francisco de Paula Seara, em Itajaí. Em 1969, efetivei-me no Colégio João Gaya de Luiz Alves e em 1972 fui transferida para Camboriú no Colégio Professor José Arantes, onde lecionei até 1993, quando me aposentei. Nesse período trabalhei também no Nilton Kucker (Itajaí) e no João Goulart (Balneário Camboriú).

*Profissão essa escolhida por me identificar em querer **ajudar o outro a crescer**. No decorrer de minha caminhada, senti uma alegria e realização muito grande ao perceber que podia e via o outro vencer. **Não me preocupava apenas com conteúdo programático, mas sim com tudo o que afeta o ser humano, na sua total realização**. O que mais queria era ver e sentir meus educandos pessoas íntegras e realizadas. Por isso me preocupava com seu intelectual e sua moral.*

Buscava mil maneiras para facilitar e fazer avançar o entendimento do conteúdo. Cuidava também de seus valores morais mostrando aos adolescentes o verdadeiro valor da vida, conduzindo-os ao caminho da verdadeira felicidade.

*Ajudava-os também no despertar de **sentimentos patrióticos**, **como** amar e respeitar cada vez mais a pátria e ter interesse em ser cidadãos que ajudem a construir num amanhã uma sociedade equilibrada e justa. "Só amamos o que conhecemos!" Daí a necessidade de estimular, educar o todo que envolve o homem.*

A grande realização do educador é ter oportunidade de ver e acompanhar o sucesso de seus educandos.

Hoje, sinto-me realizada quando vejo o sucesso dos ex-alunos e, entre tantos, o sucesso da Nilzete. Um dia numa conversa me dizia: "Obrigada, Dona Ondina!

Hoje agradeço suas exigências e sua firmeza quanto ao nosso aprendizado. Obrigado, professora!"
Hoje eu digo: obrigada, Nilzete! Por me alegrar em ver o teu sucesso. Por ver aquela menina dinâmica, esforçada, inteligente, respeitosa, com uma liderança bastante saliente. Aquela menina, adolescente... Hoje respeitada e grande educadora, com sucesso e destaque por sua criatividade, sua ética, sua humildade e sua sabedoria, sempre pronta e disponível a contornar situações de seus docentes e amigos discentes.
Recordo-me de quando buscava meus netos, Isadora e João Acácio, no Colégio Santa, em Balneário Camboriú em 2015/2016. Na conversa vibrei de alegria por perceber que Nilzete não era apenas professora, mas sim educadora. Preocupada em como fazer para salientar mais o respeito e a obediência dos educandos. Na ocasião, estimulou e orientou minha neta Isadora num projeto de leitura para fazer com que, no recreio ou antes das aulas, os alunos se envolvessem com a leitura; maneira de estimular o gosto por esta e modo de acalmar o barulho e a correria. **Criaram o Cantinho da Leitura!**
O mundo movimenta-se numa velocidade muito rápida; e, para acompanhar, o professor precisa acelerar e inovar-se a cada dia.
Dizia-me Nilzete que se preocupava muito com a educação atual. Repito o que disse a ela na época:

N unca esmoreça
I nove a cada dia
L ute
Z ele
E duque e propague verdadeiros valores
T enha e mantenha sempre o grande
E ntendimento que:

Educar** é entregar-se para concretizar a bela e nobre missão de: **formar cidad**ãos conscientes, responsáveis, **para usufruir de um mundo, uma sociedade equilibrada e feliz.

*É isto que você faz hoje e é: **a Grande Educadora!***

Obrigada por exercer tão bem esta grande e bela missão.
Obrigada por me alegrar em ver teus feitos pela educação.
Abraços da ex-professora Ondina.
Camboriú, julho de 2020

Marli Teresinha Shimitt Garcia: professora de Língua Portuguesa do antigo ginásio.

Vivi minha infância em Balneário Camboriú, Praia de Camboriú (na época). Iniciei meus estudos na Escola Isolada Laureano Pacheco, situada na Avenida do Estado, onde hoje é a Hidroart. Ali cursei a 1ª séria e a metade da 2ª série do ensino primário (na época). Meus pais, por motivos de melhor aprendizado, transferiram-nos para Camboriú, onde estudamos até o 4ª ano no Grupo Escolar Professor José Arantes. Voltei a cursar o 5º ano no Grupo Escolar João Goulart, em Balneário Camboriú, por não ter idade pra ir para o ginásio (época).

No ano seguinte, por necessidade, pois não havia ginásio no Balneário Camboriú, voltei para Camboriú, onde cursei os quatro anos do ginásio.

O ensino médio cursei no Colégio Estadual Deputado Nilton Kucker, em Itajaí.

Minha trajetória profissional iniciou quando ainda não havia completado 18 anos e cursava o magistério. Trabalhei na Escola Isolada do Morro do Boi, com classe mista. Meu primeiro emprego. Meu estágio probatório foi no Grupo Escolar Prof. José Arantes. No ano seguinte prestei concurso público estadual e fui efetivada na Escola Isolada Professor Laudelino José de Novaes, no Braço do Baú, município de Ilhota. Ano difícil, enchentes, travessia do Rio Itajaí-Açú, diariamente, de balsa ou de batera. Ano seguinte, remoção a pedido para a Escola Básica Marcos Konder, no centro de Ilhota. Mais um ano de dificuldade e sacrifício. Mas sobrevivi.

Ano seguinte, com mais uma remoção, voltei para Balneário Camboriú, Grupo Escolar Presidente João Goulart. Nesta época cursava a faculdade de Letras, em Itajaí, e também lecionava na Escola Básica Municipal Ivo Silveira, de 5ª a 8ª série.

Na Escola Básica Presidente João Goulart fiquei por quatro anos, acessando automático por pontuação para 5ª a 8ª série; e ensino médio na Escola Básica Francisca Alves Gevaerd, na comunidade da Barra, em Balneário Camboriú.
Quando me casei, vim residir em Camboriú, e fiz remoção para Escola Básica Prof. José Arantes (na época). Neste colégio trabalhei até próximo à aposentadoria.
Com 22 anos de sala de aula, assumi por convite a Secretaria Municipal de Educação, Cultura e Esportes (na época), e os últimos três anos de profissão foram de dedicação exclusiva à educação municipal de Camboriú, onde trabalhei com afinco e garra, sempre.
Encerrei essa trajetória como candidata a vereadora e, após eleição vitoriosa, assumi o cargo no Poder Legislativo municipal, com a convicção de que a luta pela educação continuaria ainda mais forte.
Sempre atuei com muita responsabilidade. Minha profissão de educadora foi por ideal e a exemplo de minha querida mãe (hoje in memoriam), que atuou por 33 anos no magistério, sempre com postura e hombridade de um ser humano correto.
Estudei na Faculdade de Ciências e Letras do Vale do Itajaí (antiga Fepevi), no curso de Letras.
Sempre atuei na área da Língua Portuguesa e Língua Inglesa.
Muita dedicada, falante e explicativa — por sinal, até hoje sou.
Sou uma profissional realizada, por ter tido a oportunidade de, por muito tempo e para longas turmas, transmitir conhecimentos àquelas crianças aos adolescentes e aos jovens, fazendo-os amadurecer e crescer em sabedoria e inteligência.
Sou uma profissional aposentada que sente muito orgulho e prazer em ter contribuído na formação de jovens; hoje os considero ex-alunos, verdadeiros cidadãos, autoridades em nosso município e em outros; jovens vencedores nas mais relevantes profissões, todos bem-sucedidos.
Enquanto educadora, minha prioridade era avaliar o aprendizado do educando, e a satisfação era imensa

quando podia equacionar o resultado positivo de meu trabalho.

Nos 22 anos em que atuei em sala de aula, centenas de crianças, adolescentes e jovens passaram por mim em aulas de Língua Portuguesa e Inglês. Entre esses alunos, muitos destaques inesquecíveis, mas aqui preciso ressaltar a aluna NILZETE TEIXEIRA, exemplo do que se pode imaginar em educação, inteligência, responsabilidade, postura e, acima de tudo, exemplar nos estudos e avaliações, comprometida com o dever do verdadeiro estudante.

Só boas lembranças do tempo em que a tive como aluna. Tenho na memória o comportamento exemplar de Nilzete sentada nos bancos escolares do colégio. Uniforme impecável.

A educação ao se expressar e o linguajar correto encantavam-me, e isso é até hoje. Pessoa culta, discreta e competente.

Ser professora é um ato nobre, indescritível, quando exercido por ideal, por amor e com amor realizando seu sonho e o sonho dos jovens para que também cheguem ao ápice de seus sonhos.

Posso complementar este registro escrevendo que o magistério significou a minha vida de dedicação e realização, como citei anteriormente, por ideal, sempre procurando crescer em conhecimentos com cursos de aperfeiçoamento, oferecidos na época como reciclagens.

Quando me preparava psicologicamente para uma pós e um melhor curso de Inglês, sofri a perda da minha filha primogênita, e bloqueou a minha história.

O mundo caiu a meus pés, e ali encerrei minha busca por novos conhecimentos.

Um beijo no coração, te admiro muito.

Professora Marli

Camboriú, 30 de agosto de 2020

Onete Ramos Garcia: professora de Língua Portuguesa do antigo ginásio.

Nilzete, sinto-me honrada por ter sido lembrada por ti.
Onete Ramos Garcia, sou camboriuense, graças a Deus.
Sou professora, porque quem foi nunca deixa de ser.
Estive como professora atuante durante 25 anos.
Meus estudos foram iniciados no Colégio Professor José Arantes; como não havia o segundo grau, fui estudar em Itajaí no Colégio Victor Meireles; depois fiz o curso normal no São José; cursei Letras na Univali.
Minha trajetória profissional iniciou-se em 1963, na época Grupo Escolar Professor José Arantes, como professora substituta, assim também em 1964 e 1965. Em 1966 lecionei no Colégio João Goulart em Balneário Camboriú. Em 1967, já concursada, fui para o Colégio Prefeito Olegário Bernardes, em Itapema. Neste colégio também assumi a direção. Foram meses, porque depois eu voltei para o Colégio José Arantes e ali fiquei até me aposentar.
Dei aula no ensino fundamental, o primário, como era chamado, durante 12 anos. Amava trabalhar nas séries iniciais; cada aluno alfabetizado era como se fosse uma conquista de um troféu. Durante esse período também lecionei outras disciplinas de quinta a oitava série.
Após concluir a faculdade, como professora concursada, tive que optar para lecionar de quinta a oitava série, dando aula de Português e Inglês. Mais tarde, quando foi implantado o ensino de segundo grau, lecionei Português.
Escolhi ser professora devido às excelentes professoras que tive em todos os colégios em que passei.
Tenho muitas recordações de minhas queridas professoras, pelos seus desempenhos, dedicação e amor.
Diante dessas abnegadas mestras, despertou-me o desejo de ser professora, e espero também ser tudo isso para meus queridos alunos. Posso dizer com convicção que me realizei como professora.
Ao ver meus ex-alunos se destacando nos mais diversos campos, como educação, política, justiça, clero, pais e mães, posso dizer que sou uma professora realizada e feliz.
Como profissional da educação, através do meu exemplo como cidadã, todos os meus desejos foram alcançados.

> *O que dizer da aluna Nilzete?*
> *Nilzete sempre foi uma aluna exemplar, muita estudiosa, sempre solícita. Seu olhar tem um brilho, sua vivacidade, seu entusiasmo; já se percebia que seria alguém que iria se destacar mais tarde, e não me enganei.*
> *Hoje, ao ver no patamar que esta, tenho orgulho de dizer, um pouquinho do que a ela transmite, hoje ela está a passar dos outros.*
> *Quero parabenizá-la por ser esta profissional tão capaz, brilhante, esforçada e determinada. Que tua vida seja repleta de muito sucesso.*
> *Concluindo, já se passaram muitos anos, mas, se tivesse que escolher uma profissão, com toda certeza seria: PROFESSORA.*
>
> Camboriú, agosto de 2020

4.2 COMO FOI SER COLEGA DE TRABALHO DA PROFESSORA NILZETE

Marina Mendes Moutinho: Supervisora Escolar da Rede Municipal de Balneário Camboriú

> *Graduada em Pedagogia com habilitação em Supervisão Escolar, pós-graduada em Alfabetização e Séries Iniciais, pós-graduada em Supervisão, Administração e Orientação Escolar.*
> *Sempre tive afinidade com crianças. Sou a filha número 9 de uma família de 10 filhos; quando adolescente cuidava dos filhos dos irmãos mais velhos. Nessa época já tinha vontade de ser professora, ensinar. Fui desencorajada, mas não dei ouvidos e me tornei uma educadora.*
> *Iniciei o magistério e vivi 2 anos substituindo professores, sem vínculo, no Colégio Estadual João Goulart; 4 anos professora ACT municipal de Balneário Camboriú; 1 ano ACT supervisora municipal de Balneário Camboriú; 12 anos supervisora efetiva de Balneário Camboriú; destes, durante 8 anos fui supervisora escolar da professora Nilzete. O maior significado do valor da educação que encontrei nesses 19 anos de magistério é a devolutiva da aprendizagem da criança. Inspirar e motivar professores para conquistar a confiança, formar parcerias tem sido minha maior meta.*

Passar um pouco de tranquilidade, mediar, compartilhar experiências, mostrar a importância dos conteúdos curriculares significativo, entre outros, tem sido minha aspiração como supervisora, pois preciso sentir que os professores estão tranquilos em sala de aula, sem pressão; procuro ajudar sempre que os sinto com necessidade, oriento-os a lidar bem com a ansiedade, transmitindo segurança e confiança para cada criança e cada família que por eles passa.

Visitas nas salas visando aproximação com alunos e professores, acompanhamento na elaboração dos planejamentos e compromisso em acompanhar o desenvolvimento deles, garantindo que a aprendizagem aconteça e criando estratégias para os alunos com dificuldade de aprender ou com alguma deficiência, são as principais atribuições de um super*visor*.

Formar bons profissionais; quem não errou? No início temos inseguranças, com o tempo vamos nos aperfeiçoando, refletindo sobre a prática, *nossos erros e acertos, melhorando o que precisa melhorar, mudando estratégias. Não precisamos desistir ou deixar de lado algo que não deu certo, basta aperfeiçoar a ideia. Uma frustração durante a carreira, material didático insuficiente.*

Quanto à convivência com Nilzete, uma amada, sorridente, cumpridora dos seus deveres com autonomia, defensora da educação, ama o que faz, estudiosa, a busca pelo saber é uma constante na sua prática.

Segura, fala com propriedade, argumenta suas ideias. Uma professora preocupada em ser exemplo. Quando tem dúvida, procura ajuda, faz uso dos recursos disponíveis na escola e fora dela, exige seus direitos e de seus alunos, não mede esforços para conseguir seus objetivos.

Quero relatar sobre os dias que cuidávamos do recreio; tenho muitas lembranças positivas: como você criava e mediava atividades de corrida, do canto da leitura, e outras brincadeiras...

Das aulas e exposições em parceria com a inesquecível professora Ita Márcia, das leituras habituais como grande incentivo ao ouvir e ler, a preocupação com atividades significativas.

O mestre não nasce mestre, ele aprende a ser, estuda, treina, aprende pra ensinar e, nos saberes compartilhados, aperfeiçoa-se: é disso que falo no próximo parágrafo.

Uma vez uma professora me mostrou muita afinidade para ler e contar histórias, mas percebia que não conseguia prender a atenção, o interesse dos alunos. Nessa época eu estava frequentando um curso de pós-graduação, e um dos meus professores tinha levado um grupo de contação de histórias pro nosso encontro; eles estavam caracterizados com fantasias, e a nossa aula foi maravilhosa. Comentei da minha experiência como ouvinte. Ela prontamente acatou a ideia, ajustou para suas aulas e seus alunos. Acredito que as boas ideias devem ser compartilhadas. Por isso é de grande importância o supervisor estar próximo dos professores, ouvindo e opinando.

Camboriú, setembro de 2021

Saly Mara Beatriz do Amaral: pedagoga especialista em educação.

Chamo-me Saly Mara Beatriz do Amaral, atuo na Educação desde 1993 onde iniciei como professora de Língua Portuguesa no Centro Educacional Municipal Presidente Médici.

Com três graduações, foi na Pedagogia que encontrei sentido em minha vida profissional.

Nestes longos vinte e nove anos, atuei, além da Rede Privada do Município, em várias Unidades da Rede Municipal de Ensino e apenas no ano de 2007 resolvi prestar meu único concurso, onde me efetivei em 2008 na Prefeitura Municipal de Balneário Camboriú como Professora de Anos Iniciais.

No ano de 2017 pude ter o privilégio de assumir como Gestora Escolar, passei pelo Departamento Pedagógico da Secretaria de Educação por 6 meses e retornei para a Gestão em 2020onde permaneci até maio de 2022.

Sempre o fator motivador em minha vida foi (e continua sendo) foi o desejo de poder ser um agente que contribua diretamente na formação de um futuro melhor, apresentando sempre questionamentos que levem a respostas disruptivas e não vejo outro meio que não seja a Educação que possa proporcionar isso. Acordo todos os dias com expectativas e emoção por saber que contribuirei com meus alunos e do quanto receberei contribuições deles também.

Conheci a Professora Nilzete Teixeira ao longo da caminhada onde sempre foi para mim uma referência por exercer todos os cargos que ocupou com muita eficiência, seriedade e uma alegria contagiante. Tive o grande prazer de ser sua colega de formação no PNAIC, colegas de porta-a-porta como professoras de 3º Ano, tive a honra de tê-la como minha Diretora quando assumiu o Departamento Técnico-Pedagógico (ahhh...e como aprendi cada dia com ela) e juntas dividimos uma tarefa muito difícil de sermos do Comitê Municipal de Gerenciamento da Pandemia do Covid-19 no âmbito da Educação ao qual ela lidera com maestria.

Em todas as situações que pude ter a honra de ter a "Nil" (como carinhosamente a chamamos) por perto, sempre fui contagiada pela sua alegria, energia positiva (o bom-dia mais gostoso de ouvir), sendo um termômetro me mostrando como vivenciar cada dia em seu momento.

Até hoje, sempre que tenho alguma dúvida ou busco algo diferente para minha prática pedagógica, é a ela quem procuro para trocar ideias, receber conselhos, ações norteadoras ou apenas desabafos.

Não me recordo de conhecer uma profissional tão feliz e tão competente na Educação como ela (faça chuva ou faça sol), sem alteração de humor independente da situação e isto é tão de sua essência que jamais vou esquecer ela cantando e dançando com seus alunos na apresentação de final de ano em 2016 a música de Gonzaguinha, que realmente a define... "Viver, e não ter a vergonha de ser feliz!"

Nil, esta música é você, que fica com a pureza da resposta das crianças, e, por isso, a vida é bonita, é bonita e é bonita!

Esta é a Professora Nilzete Teixeira e ter a honra de tê-la na minha caminhada profissional é um grande presente que levarei para a vida.

4.3 COMO ME SENTI AO SER ALUNO(A) DELA: relato de ex-alunos(as)

Daiana Lima: aluna de primeira série no meu primeiro ano de professora e aluna de Pedagogia alguns anos depois

Assim me lembro do início do meu processo de alfabetização;
Boas músicas, cantigas de roda e muitas histórias;
Como *em um passe de mágica, minha vida se alegraria;*
De longe pude ver na porta da entrada na sala de aula um ser de luz que se aproximou, e ali naquele momento tudo mudou;
Ela entrou em nossa sala com seus cabelos encaracolados;
Foi incrível o ensinamento que deixou naquele lugar, tão cheia de vida e um sorriso largo; sempre pronta a transformar.
Ganhado nossos corações;
Hoje *em dia fico sem acreditar, tantos anos se passaram e seus ensinamentos continuam a me mudar;*
J*á na faculdade quem eu vejo adentrar, aquela mesma luz que minha infância transformou e segue a me inspirar;*
Karaokê para espantar os males e continuar a acreditar que com a Educação tudo pode mudar;
Lembranças da vida acadêmica que jamais esquecerei;
Momentos importantes, instantes.
Nunca esquecidos, guardados.
O provável aconteceu; o mestre inspirou o aluno;
Porque *preciso de lembranças;*
Quando chego ao primeiro passo para me tornar educadora e seus ensinamentos prosseguir
Rompo barreiras intransponíveis
Sabendo que foi ali naquela escola que tudo começou e como déjà-vu;
Torno-me a professora a exemplo do mestre;
Unindo o que me ensinou na Educação básica e na vida acadêmica;
Voltamos para o início de tudo;
Watts de energia em meu corpo;
Xampu com cheiro de rosas me lembra infância;

*Yoga me traz tranquilidade e a paz de que preciso;
Zelo por você, amada professora Nilzete, pois você deixou em mim uma marca tão positiva e permanente quanto você.
Minha inspiração!!*

Daiana Lima
Escola Municipal Clotilde Ramos Chaves, 1988
Faculdade Avantis, 2015

Claudiane Ramos de almeida: aluna do Normal Superior na Instituição Avantis

Formei-me em 2008 no Curso Normal Superior na Avantis. Fiz um ano de Complementação em Educação Especial pela Faculdade de Pinhais em 2009. Hoje tenho especialização em Atendimento Educacional Especializado – Educação Especial Inclusiva.

Tive o prazer de ter a professora Nilzete na minha formação acadêmica, a qual inovou nossas aulas com a escrita do Portfólio, deixando-nos livres para criar os resumos das suas aulas com nossa reflexão e impressão subjetiva do aprendizado.

Guardo até hoje com carinho sua atuante forma de ver a educação com amor e incentivo a sempre estarmos buscando cada vez mais informações e estudo na área.

Andanças da Educação – Claudiane Ramos de Almeida

[Paródia da música de Milton Nascimento "Nos bailes da vida"]

Autora: **Claudiane Ramos de Almeida**

*Foi nos bancos da sala na Avantis
Pela educação
Que muita professora pôs o pé na profissão
De ensinar o educando e alfabetizar
Com a Nilzete incentivando a refletir e pensar
Foi assim*

*Com portfólio nas mãos
E histórias para contar*

*Tenho comigo as lembranças como era
Criatividade, resumo, ideias, era tão bom
Nilzete, referência de incentivo e gratidão
Era assim
Hoje sigo meu caminho em prol
Da educação especial
Todo professor tem de ir aonde seu coração está
Se for assim, se dedicará
Na educação me refaço e reacendo a chama
De querer mais e ensinar.*

Yasmin Vanzuita: aluna do quinto ano do Ensino fundamental - 2010

Olá. Chamo-me **Yasmin Vanzuita**, fui aluna da professora Nilzete na escola Centro Educacional Municipal Vereador Santa em 2010 no 5º ano do ensino fundamental; atualmente estou cursando o 5° período do curso de Ciências Contábeis. O maior sentido de estudar, ter uma graduação, sem dúvida nenhuma, é o conhecimento que adquirimos dia após dia. Através do estudo e da nossa dedicação, podemos ter um futuro brilhante pela frente e que só depende de nós. O meu maior sonho profissional é não ser mais uma no mercado, e sim aquela pessoa que faz a diferença onde estiver! Ter sido aluna da professora Nilzete foi uma experiência incrível; ela transmitia o conhecimento de uma forma surreal que todos que estavam na sua aula conseguiam compreender. Sem dúvida alguma, carregarei para sempre comigo na minha "bagagem" como estudante todo o conhecimento passado por ela. O que eu mais adorava na sua aula e que ficou muito marcado foi que toda sexta-feira era o dia da leitura; eu ficava muito ansiosa para que esse dia chegasse logo, pois era uma aula diferente; a professora Nilzete conseguia transmitir o que o livro queria deixar como ensinamento. Lembro bem que um dos livros da sua escolha foi O Pequeno Príncipe; depois dessas aulas eu comecei a pegar gosto pela leitura, que não se tornava um fardo como era antes. O ano de 2010 ficou marcado: não há como não me lembrar de suas aulas; só quem foi aluno(a) da professora Nilzete sabe *a que estou me referindo. Gostaria que todos pudessem ter a mesma oportunidade que eu tive!*

Gostaria de deixar um agradecimento especial à professora Nilzete, e a única palavra que fica durante todos estes anos para essa mulher é gratidão!

Ana Julia Campiol da Rosa: aluna do quinto ano do Ensino Fundamental -2013

*Chamo-me **Ana Julia Campiol da Rosa**, tenho 16 anos. Em 2013, no meu terceiro ano do fundamental, tive o privilégio de ser aluna da Professora Nilzete Teixeira no colégio C.E.M. Vereador Santa em Balneário Camboriú, Santa Catarina.*

Hoje em 2020 estou no primeiro ano do ensino médio. Meu prazer em estudar é aprender coisas novas, buscar conhecimento; e uma das principais coisas é ser uma pessoa que saiba respeitar os outros, tanto na cultura quanto em qualquer outra coisa do tipo. Acredito muito que o estudo influencia no nosso caráter, pois acabamos ingerindo aquilo que aprendemos.

Penso muito em minha futura carreira profissional; estou em dúvida entre duas profissões: penso em cursar Medicina, pois o meu coração brilha muito quando penso em cuidar de vidas, mas ao mesmo tempo tenho um grande desejo em cursar Direito, que também acho que seja um curso incrível com uma carreira brilhante, pois acaba também ajudando as pessoas, mas de uma forma diferente da medicina.

Guardo fortemente na minha memória o período em que fui aluna da Professora Nilzete. Senti um privilégio imenso, como disse no começo. Ela sempre foi e continua sendo uma profissional exemplar, sempre disposta a ensinar e trazer ótimos ensinamentos, principalmente quando se trata sobre literatura. Sempre gostei de ler, mas ela foi uma peça-chave para eu ter mais interesse ainda sobre isso. Lembro quando tínhamos nossas aulas ao ar livre para conversar sobre os livros que tínhamos lido, e eu achava aquele momento magnífico. Amava

> quando a professora Nilzete fazia a correção dos cadernos e colava alguns adesivos e deixava recadinhos — eu ficava superfeliz.
> Obrigada por ter sido uma professora incrível: guardo-te no meu coração!

Gabriela Santos Bittencourt: aluna no quinto ano do Ensino Fundamental

> Fui aluna da professora Nilzete no 5º ano do ensino fundamental, no CEM Vereador Santa. Desde meu ensino fundamental via o principal fator que me impulsionava a estudar, e nas aulas dela isso se fortaleceu: a busca cada vez maior por conhecimento. Sempre busquei na realização profissional atingir todos os meus objetivos e conquistar uma posição estável. Muito feliz, é assim que me sentia nas aulas dessa professora; era uma coisa diferente, instigando-nos a participar ativamente das suas aulas. Algo que nunca esqueci e muito me marcou, pois foi a primeira vez que tive contato com leitura de livros fora da minha realidade. Ela lia pra nós livros como O Pequeno Príncipe, A Odisseia, e outros que nos faziam viajar por meio da imaginação. Todas as aulas faziam uma leitura de um capítulo deles, e quem quisesse, no final, comentava. Na leitura final do livro, após um mês, mais ou menos, ilustramos, escrevemos opinião, criamos histórias, enfim, atividades significativas e de fixação da literatura. Isso despertou meu interesse por livros de gêneros que eu nunca tinha lido, já que só tinha tido contato com livros teens e infantis nessa época. Foi muito legal! Gostava muito desse momento da aula de leitura.

Luiz Cláudio Gandim: escritor com graduação em Letras e pós em Educação Especial e Inclusão

> **AMIGA E PROFESSORA**
> Meu início de cronista e poeta
> Tinha raras instrução de português,
> se quisesse aperfeiçoar minha escrita
> teria que retornar aos bancos escolares outra vez

Supletivo por aqui nem se cogitava
Escrita e leitura era o que me restava;
Trabalhava com uma jovem professora
Que prometia na educação ser Doutora.

Muito ela ainda tinha que estudar
Para seu sonho de ser uma excelente educadora realizar;
Eu já tinha a visão de quanto ela podia me ajudar,
Num estalo de minha sede do saber, pedir aquela moça
as regras da língua portuguesa me ensinar,
ela logo aceitou ser minha professora particular;
Esperava feliz a chegada dos sábados à tarde, para com
a Nilzete estudar.

Encerrando as minhas palavras, reparto com quem irá ler este livro da Professora Nilzete dois sonhos que me restam: tornar-me um escritor conhecido e ver essa minha eterna amiga secretária de Educação de meu torrão natal.
Sucesso no livro, minha amiga e professora!

Luiz Cláudio Gandim

Thaís Pereira de Paula Lima: pedagoga e Especialista em Educação

Conto minha experiência ao ser aluna no ensino superior da Professora Nilzete Teixeira. Nossa história começou em 2012 quando entrei na faculdade de Pedagogia. Ansiosa ao voltar a estudar após longos anos, tive a grata surpresa de ser acolhida pela Prof.ª Nilzete. Desde o primeiro dia me cativou, fazendo um diagnóstico da turma e nos levando à reflexão de por que estávamos ali; leu um trecho do livro O Pequeno Príncipe e, conforme sua leitura, tornou-se responsável por ter nos cativado. A cada aula, muito bem preparada, nos mostrava seu caráter com ética e profissionalismo; era claro seu amor pela educação e por ser professora, sempre deixando claro que estar em sala de aula a realizava.
Sua alegria contagiou-me, senti-me motivada a seguir seu exemplo, ter o aluno como protagonista, afinal é por ele que devemos nos dedicar; e aprendi com a professora Nilzete que devemos ouvir e respeitar a todos. Fui sua

aluna entre 2012 e 2015. Em dezembro de 2015 conclui o curso de Pedagogia. Em novembro deste mesmo ano realizei meu primeiro concurso público para ser professora na rede pública de Balneário Camboriú (na rede privada já atuava); passei na prova e fui convocada em dezembro; em janeiro de 2016 recebi meu diploma em licenciatura em Pedagogia, sendo então efetivada em fevereiro de 2016. Trabalhei como professora de Educação de Educação Infantil colocando em prática o que aprendi.

Em 2017 tive a grata satisfação de ser chamada pra trabalhar com ela, como prometia na faculdade: "Thaís, quando eu for pra Secretaria de Educação, você vai comigo!" Fui ser sua secretária como técnica do Departamento Técnico Pedagógico, tendo como diretora Nilzete Teixeira, minha inspiração na área da educação. Que honra foi receber o seu convite e poder continuar diariamente aprendendo e acompanhando seu competente e maravilhoso trabalho; agora com os profissionais da educação do ensino fundamental nas diferentes áreas que atuam, pude ter uma visão muito mais abrangente da educação, ver a prática de tudo que aprendi com ela na faculdade.

Em 2017 fiz uma pós-graduação em Práticas Pedagógicas, em que embasei meu trabalho de conclusão em tudo que estudava e aprendia com o grupo da secretaria de Educação. Foram dois anos neste departamento, onde vivenciei muitas experiências; depois em 2019 mudei para o departamento de Desenvolvimento Educacional, onde atuo até o momento, trabalhando lado a lado com a melhor e mais feliz professora que já conheci. Agora somos colegas técnicas do mesmo departamento, e sinto-me grata e feliz por poder continuar trabalhando com minha eterna Prof.ª Nilzete e aprender todos os dias com ela. Algo que aprendi com ela nestes anos foi: nunca deixe que alguém saia da sua presença sem se sentir melhor do que estava!

Voltando à faculdade após refletir sobre como foi ser aluna dela, não tenho palavras pra explicar tamanha dedicação. Hoje em dia não são todas as professoras que orientam com tantos detalhes, que leem todos os trabalhos, e devolvem para corrigir (rsrs). Algumas vezes até ficar bom, até ficar como nós temos capacidade de produzir: essa é a professora Nilzete, que incentiva seus alunos a serem melhores, que visitava cada aluno na semana de estágio, dando orientações de como agir e se importando com cada um deles. Aprendi muito mais com seu exemplo, como ser uma boa professora, como agir em cada situação, porque tudo sempre tem uma solução.

Na formatura, tive o imenso prazer de ouvir seu discurso na Cerimônia de Colação desejando aplicação de valores para ter uma vida boa: justiça, amor, tolerância, gentileza e bom humor e, por fim, lembrando que a felicidade tem mais a ver com atitudes do que com circunstâncias. A formatura foi perfeita, como sempre sonhei; e, como cada assunto traz uma lembrança, a professora Nilzete incentivou-nos desde o primeiro dia da faculdade a nunca desistir, a visualizar o dia da formatura, e foi isso que eu fiz: a cada dificuldade que surgiu e com a vontade de desistir, que acredito ser comum a todo estudante universitário, eu visualizava esse dia e criava outra expectativa. Valeu a pena: nossa formatura foi realizada com todo brilho e magnitude que imaginava, e foi assim porque durante todo o percurso tivemos o apoio da professora Nilzete, que preparava cada aula com muito amor e carinho por cada um de nós e com base doava seu conhecimento e suas experiências para proporcionar o melhor aprendizado a cada um de nós. No início da aula, colocava uma música ou um videoclipe ou preparava um poema para introduzir conteúdos sempre importantes, criando memórias afetivas. Foram slides, trabalhos, provas, teatros e muita troca de experiência; com o incentivo da professora Nilzete, desenvolvi o gosto pela leitura e o desejo de sempre aprender mais.

Sou grata por ser sua colega de trabalho, por ter sido sua aluna e por continuar aprendendo lições de vida. São belos presentes que a vida me deu. Algo que sempre chamou minha atenção foi sua alegria, seu sorriso sempre estampado no rosto, não importando o desafio; seu empenho e comprometimento pelo trabalho, realizando sempre o seu melhor com ética e respeito por todos que a cercam. Desde a faculdade percebi como sempre valorizava o trabalho de cada um. Sentir-me valorizada fez a diferença para eu querer seguir. Cada experiência contada de seu trabalho com seus alunos do ensino fundamental despertava o desejo de também estar lá, ter meus próprios alunos e experiências, como uma vez que contou sobre como trabalhou o poema "Borboletas" de Vinicius de Morais: impelia-nos a querer vivenciar, quando contava o olhar de cada aluno e suas produções a partir de então, e ainda mais quando relatava o carinho deles e das suas famílias; aguçava-nos o desejo de ser uma professora como você, para também vivenciar essas experiências. Que lindo ter você como exemplo, como meu espelho. Resumindo, admiro-a muito, você é top das galáxias!

4.4 COMO FOI TER A PROFESSORA NILZETE COMO PROFESSORA DOS MEUS FILHOS

Adriana Schlemper: mãe dos queridíssimos Vinicius Schlemper de Liz Freitas e Pedro Gustavo Schlemper Flores

Foi sensacional. Sempre muito dedicada, preocupada com o aprendizado deles, muitas vezes me chamou para alertar se algo não andava bem com o aprendizado deles. Eu sempre fui parceira dos professores; acho que tem que pegar firme com eles mesmo, e não admito que faltem com respeito ao mestre. Sem sombra de dúvida, a MELHOR professora que eles tiveram. Apesar de ser professora de escola pública, sempre muito dedicada. Merece todo o meu respeito e gratidão! Sim, meus filhos tinham ressalvas com muitos professores, mas com a professora Nilzete era só carinho. Ao comentar com meus filhos este registro, Pedro lembrou-me da história do Pequeno Príncipe, que era lida aos poucos, diariamente: ele adorou essa memória. Parabéns por sua dedicação. Só tenho a agradecê-la. Você foi muito importante no aprendizado deles.

5 - CONSIDERAÇÕES SOBRE MEU PERCURSO ATÉ AQUI, POIS MUITO AINDA PERCORREREI NOS CAMINHOS DA EDUCAÇÃO

Como Nasce um Professor? No decorrer das minhas leituras e do meu percurso profissional, esse foi um dos títulos literários que muito chamaram minha atenção e me fizeram refletir. Pesquisas e reflexões sobre essa temática impulsionam-me diariamente, pois tão importante quanto o nascer para o sonho de ser professora é continuar encantando(a), engajado(a) na profissão docente, como se todos os dias fossem o primeiro, e aquele friozinho na barriga a nos estimular a mais e mais buscar subsídios para uma ação profissional cada vez maior na contribuição, que cada professor tem, com a formação humana.

Com esses questionamentos e reflexões, quero manifestar meu encantamento por cada percurso deste processo de mais de três décadas. A educação tornou-se minha referência em todas as convivências, por ela aprendi que na proximidade com o outro somos capazes de transformar e nos transformar. Falo de uma proximidade de escuta atenciosa, respeitosa e propositiva, pois só assim podemos dar as mãos a todos que se aproximam e nos tornar melhores do que éramos antes desses encontros.

A cada encontro para falar de educação e vivendo a educação no dia a dia, sempre iniciei com perguntas que levam o grupo e eu mesma a perceber a importância desses momentos. Sabemos que algumas respostas são comuns, como a importância dos encontros e de estudos para o avanço das práticas. Porém, pela liberdade de participação que dou ao grupo, seja ele o da pós-graduação, seja o das crianças em processos de alfabetização, o que concluímos é que a vida de grupo exige responsabilidade, flexibilidade, empatia, percepção de que somos únicos, diferentes, e que viver em grupo gera novos desafios para todos e, consequentemente, novas proposições.

A cada formação docente ou a cada aula, novas perguntas e propostas de novas pesquisas colocam-se, porque os encontros sempre geram novas formas de pensar e agir. Ação renovadora, esta precisa ser a grande meta que precisamos a cada dia querer atingir, agir em prol da educação que acreditamos ser possível fazer e acontecer.

"Educação, tarefa para pessoas com boa vontade": acrescentaria a essa frase do inesquecível Papa João Paulo II que a educação é tarefa para as pessoas com boa vontade e dispostas a agir. Lembro-me que ao ouvir ou ler essa frase pela primeira vez, me perguntei: - Vontade de que mesmo precisamos ter quando somos professores? Muitos momentos e oportunidades me trouxeram algumas respostas: vontade de despertar sonhos, vontade de suscitar possibilidades, vontade de construir pontes, vontade de ser presença/presente na vida dos educandos, vontade de aprender todos os dias, vontade de experienciar aprendizagens colaborativas, vontade de criar projetos em que toda comunidade escolar participe, vontade de ousar na prática e envolver outras áreas nos projetos desenvolvidos, vontade, diante de todas as incertezas que nos cercam, de ser um eterno aprendiz... Então, é uma vontade infinita e que vem acompanhada de inúmeras ações; senão ficaremos só na vontade, e isso não combina com o ser humano, principalmente com os professores educadores de outros seres humanos, que, se estimulados, têm potenciais infinitos.

Enfim, educação, é para quem tem vontade, sim, de continuar aprendendo todos os dias, porque a única certeza é de que não há certezas, por isso é preciso pesquisar e aprender com tudo e com todos com quem convivemos.

E você, leitor, do que tem vontade mesmo? Coloque-a em prática. Sua vontade virará uma ação, a qual, no trajeto da execução e com ajustes, se tornará o sentido da sua vida.

REFERÊNCIAS

ALVES, Rubem. **A alegria de ensinar**. 6.ed. Campinas: Papirus, 2000.

BEHRENS, Marilda Aparecida. **Paradigma da complexidade metodologia de projeto, contratos didáticos e portfólios**. Petrópolis: Vozes, 2007.

Brasil. Secretaria de Educação Fundamental. **Parâmetros curriculares nacionais:** apresentação dos temas transversais, ética / Secretaria de Educação Fundamental. Brasília: MEC/SEF, 1997. 146p.

CONTRERAS, José. **A autonomia de professores**. São Paulo: Cortez, 2002.

CHAUI, Marilena. **Convite à filosofia**. 11. ed. São Paulo: Ática, 1999.

CORTELLA, Mário S. **Sabedorias para partilhar** 1. ed. São Paulo. Vozes Nobilis, 2020.

ESTADÃO CONTEÚDO. Três em cada 10 são analfabetos funcionais no Brasil, aponta estudo. **Época Negócios**, [s. l.], p. 1-10, 3 ago. 2018. Disponível em: https://epocanegocios.globo.com/Brasil/noticia/2018/08/epoca-negocios-tres-em-cada-10-sao-analfa betos-funcionais-no-pais-aponta-estudo.html. Acesso em: 26 maio 2022.

FÃS DA PSICANÁLISE. O segredo da felicidade segundo a ciência. 2015. Disponível em: www.fasdapsicanalise.com.br/o-segredo-da-felicidade-segundo-a-ciencia/. Acesso em: 13 jun. 22.

FAZENDA, Ivani. **Interdisciplinaridade e novas tecnologias**: formando professores. Campo Grande: Ed. UFMS, 1999.

FERREIRO, Emilia. **Alfabetização em processo**. São Paulo: Cortez, 1996.

FREIRE, Paulo. **Pedagogia da autonomia**: saberes necessários à prática educativa. São Paulo: Paz e Terra, 1996.

FURLANETTO, Ecleide Cunico. **Como nasce um professor?** Uma reflexão sobre o processo de individuação e formação. São Paulo: Paulus, 2003.

GARCIA, Carlos M. **Formação de professores** - Para uma mudança educativa. Porto Editora, 1995

GOLEMAN, Daniel. **Inteligência emocional.** A teoria revolucionária que define o que é ser inteligente. Rio de Janeiro: Objetiva, 2001. Originalmente publicada em 1995.

LEONTIEV, Aléxis. **O desenvolvimento do psiquismo.** Tradução de Rubens Eduardo Frias. 2. ed. São Paulo: Centauro, 2004.

MARQUES, Edson. **Mude.** 19/09/2009. Disponível em: www.recantodasletras.com.br/mensagens/1771070. Acesso em: 05 jul. 2022.

NÓVOA, António. Antonio Nóvoa: "professor se forma na escola". [Entrevista cedida a:] Paola Gentile. **Nova Escola**, [s. l.], n. 142, p. 1-6, 1 maio 2001. Disponível em: https://novaescola.org.br/conteudo/179/entrevista-formacao-antonio-novoa. Acesso em: 26 maio 2022.

NÓVOA, António. **Vidas de professores.** Porto: Porto Editora, 2000.

POLLACK, M. **Memória e identidade social. Estudos Históricos:** Teoria e História, Rio de Janeiro, v. 5, n. 10, 1992

PROJETO PITANGUÁ: ciências/organizadora. 2. ed. São Paulo: Moderna, 2008.

RAMALHO, Betania Leite; NUÑEZ, Isauro Beltrán; GAUTHIER, Clermont. **Formar o professor profissionalizar o ensino.** Porto Alegre: Sulina, 2003.

SACRISTÁN, J. Gimeno. Tendências investigativas na formação de professores. *In:* PIMENTA, Selma G.; GHEDIN, Evandro (org.). **Professor Reflexivo no Brasil:** gênese e crítica de um conceito. 2. ed. São Paulo: Cortez, 2002,

SAINT-EXUPÉRY, Antoine de. **O pequeno príncipe.** 48. ed. Rio de Janeiro: Agir, 2009.

SATO, M.; SANTOS, J. E. **A contribuição da educação ambiental à esperança de pandora.** São Carlos: RIMA, 2001.

TARDIF, Maurice. **Saberes docentes e formação profissional.** Petrópolis: Vozes, 2002.

TEIXEIRA, Nilzete. **Elaboração e gestão de projetos educativos.** Balneário Camboriú: Faculdade Avantis, 2017.

VIGOTSKI, L. S. **A formação social da mente.** 7. ed. São Paulo: Martins Fontes, 2007.